电力需求响应
培训教材

国网浙江省电力有限公司　组编

中国电力出版社
CHINA ELECTRIC POWER PRESS

内 容 提 要

本书结合当前电力形势发展的新思路、新要求，从电力供需形势出发，详细介绍需求响应业务及电力需求响应平台，并对各行业各类别需求响应案例进行整理、分类、归纳，对需求响应业务进行深入剖析。本书分为电力需求响应概述、电力需求响应业务、电力需求响应平台、典型案例、发展前景与展望五个方面。

本书可供电力营销一线员工和管理人员参考使用。

图书在版编目（CIP）数据

电力需求响应培训教材 / 国网浙江省电力有限公司组编. —北京：中国电力出版社，2024.6
ISBN 978-7-5198-7063-8

Ⅰ. ①电… Ⅱ. ①国… Ⅲ. ①电力工业－工业企业管理－用电管理－中国－技术培训－教材　Ⅳ. ① F426.61

中国国家版本馆 CIP 数据核字（2024）第 055236 号

出版发行：中国电力出版社
地　　址：北京市东城区北京站西街 19 号（邮政编码 100005）
网　　址：http://www.cepp.sgcc.com.cn
责任编辑：穆智勇　张冉昕（010-63412364）
责任校对：黄　蓓　马　宁
装帧设计：赵丽媛
责任印制：石　雷

印　　刷：廊坊市文峰档案印务有限公司
版　　次：2024 年 6 月第一版
印　　次：2024 年 6 月北京第一次印刷
开　　本：710 毫米 ×1000 毫米　16 开本
印　　张：5.75
字　　数：94 千字
印　　数：0001—1000 册
定　　价：38.00 元

编委会

主　编　杨玉强

副主编　裘华东　沈百强　李付林

委　员　李　磊　李　熊　芦鹏飞　严华江

　　　　肖　涛　叶丽雅

编写组

组　长　俞佳莉

副组长　全燚帅　叶李晨

成　员　胡峥翔　王靖植　闻　铭　俞佳涛

　　　　潘亦辰　徐耀辉　徐健健　李　媛

　　　　潘一洲　刘　旭　魏熠铭　岑奇阳

　　　　邓　岚　姜　驰　黄荣国　罗　丹

　　　　蒋弋帆　颜　奔　张炳鹏　倪琳娜

　　　　王佳颖　刘琪琪

前　言

党的二十大报告强调"深入推进能源革命，加快规划建设新型能源体系，确保能源安全"。从全球能源角度看，能源供给存在较多不确定因素，能源产业链供应链风险凸显。从国内能源形势看，能源转型进程加快，灾害和极端气候频发，叠加新能源及可再生能源出力的随机波动性，对电力安全供应带来严峻挑战。从新型电力系统发展看，随着新能源装机占比增加，电力系统调节压力持续增大，需要充分挖掘需求侧灵活调节资源，支撑电力系统安全运行。

浙江既是经济大省，又是能源小省，两者的冲突形成了浙江特殊的用电结构。浙江面临着保障能源安全、降低用能成本、实现绿色生态的多重挑战，如何推动能源安全、经济、清洁运行成为发展的重要难题。为针对性解决这一难题，国网浙江省电力有限公司创新构建需求响应业务体系，通过唤醒负荷侧海量沉睡资源，引导用户用电行为，聚合互动潜力、谋划互动收益，广泛拓展参与电力市场的可控负荷类型和规模，发挥市场机制在唤醒多类型互动资源的基础性作用，培育负荷聚合商，以强交互能力支撑电网弹性。

本书由国网浙江省电力有限公司市场营销部（农电工作部、乡村振兴工作办公室）组织编写，以浙江需求响应管理业务为背景，介绍电力需求响应的基本概念和背景，详细解读电力需求响应的业务内容，包括负荷资源池建设、电力需求响应的实际应用和效果评价等；在此基础上，专门用一章的篇幅介绍电力需求响应平台，详细阐述用户档案管理、方案全流程管理和需求响应执行监控等内容。本书汇编多个典型案例，展示电力需求响应在不同行业和不同时间尺度上的应用，以及负荷聚合商参与需求响应的实践经验，并由此展望需求响应业务发展前景，从市场化、精细化、柔性化、数字化四个方面开展相关思考。

希望通过本书的编写为读者提供一套较为完整、实用的电力需求响应知识体系，帮助读者深入理解电力需求响应的内涵和应用。同时，我们也诚挚地邀请广大读者共同探讨、完善这一重要业务领域，为推动浙江乃至全国电力需求响应的发展贡献力量。

本书编写注重理论与实践的结合，力求使内容生动易懂。相信通过本书的分享，能够为读者在电力需求响应领域的学习和工作提供有益的参考。

编者在此感谢各位读者的阅读，希望本书能够成为您在电力需求响应领域中的得力助手。让我们共同期待电力需求响应业务的繁荣发展！

编　者
2024 年 1 月

目　录

前言

第一章　电力需求响应概述 …………………………………………… 1

　第一节　电力需求响应基本概念 ……………………………………… 1

　第二节　电力需求响应背景 …………………………………………… 3

　第三节　电力需求响应意义 …………………………………………… 9

第二章　电力需求响应业务 ………………………………………… 12

　第一节　负荷资源池建设 …………………………………………… 12

　第二节　电力需求响应实际应用 …………………………………… 17

　第三节　电力需求响应效果评价及补贴核发 ……………………… 19

第三章　电力需求响应平台 ………………………………………… 26

　第一节　用户档案管理 ……………………………………………… 26

　第二节　方案全流程管理 …………………………………………… 28

　第三节　需求响应执行监控 ………………………………………… 32

　第四节　需求响应成效和响应补贴查询 …………………………… 34

第四章　典型案例 …………………………………………………… 38

　第一节　日前需求响应典型案例 …………………………………… 38

　第二节　小时级需求响应典型案例 ………………………………… 44

　第三节　分钟级可调节需求响应典型案例 ………………………… 51

　第四节　（准）秒级需求响应典型案例 …………………………… 63

第五节　日前和分钟级需求响应典型案例 ···68

第六节　负荷聚合商参与需求响应典型案例 ·······································72

第五章　发展前景与展望···77

第一节　需求响应市场化 ··77

第二节　需求响应精细化 ··78

第三节　需求响应柔性化 ··79

第四节　需求响应数字化 ··81

第一章

电力需求响应概述

近年来，随着新型电力系统建设不断推进，清洁能源迅猛发展，电源侧结构和负荷侧形态发生巨大变化。作为电力供应侧与需求侧沟通交流的关键，电力需求响应机制将发挥更加有力的调节作用，其中如何引导用户主动改变电力消费模式，充分挖掘需求侧资源的调节能力，利用需求侧海量灵活资源在不同时间尺度上的响应能力和响应特性来平衡电网电力电量、促进可再生能源就地消纳，保障电力供需平衡，是电力需求响应机制研究的重中之重。

本章主要介绍电力需求响应基本知识，从需求响应基本概念、需求响应背景和意义三方面进行阐述，让读者对需求响应有基本的了解。

第一节　电力需求响应基本概念

一、基本概念

需求响应，是指用户对价格或者激励信号做出响应，并改变正常电力消费模式、保障电力供需平衡，从而实现用电优化和系统资源的综合优化配置。电力需求响应借助于市场模式、价格机制和补偿机制等手段，促使终端用户主动参与市场运行和价格决策。参与用户获得的激励一般有两种：一是独立于现有电价政策的直接补偿；二是在现有电价基础上给予折扣优惠。而一般要参加电力公司组织 / 发起的需求响应，要提前与电力公司签订合同，以确定提前通知时间、补偿或电价折扣标准，以及未达成合同约定的惩罚措施。

需求侧管理，是指加强全社会用电管理，综合采取合理可行的技术、经济和管理措施，优化配置电力资源，在用电环节实施节约用电、需求响应、绿色用电、电能替代、智能用电、有序用电，推动电力系统安全降碳、提效降耗。

二、名词解释

常规型响应：在电网高峰（或低谷）时段，通过市场化机制，引导电力客户在约定时间内短时优化用电负荷，有效实现削峰填谷，缓解电力供需矛盾。常规型响应主要包括日前削峰响应、日前填谷响应、小时级削峰响应等类型。

应急型响应：在电网紧急情况下，电网企业通过专变负控终端、需求响应终端或精准负荷控制终端等负荷控制装置，远程调控用户内部可调节或可中断负荷。应急型响应主要包括分钟级可调节响应、（准）秒级可中断响应等类型。

削峰需求响应：当电网备用容量不足，局部负荷过载，或由其他不确定因素造成电力供应缺口时，可启动削峰需求响应，引导电力客户在约定时间内短时减少用电，缓解电力供需矛盾。

填谷需求响应：当用电负荷水平较低，电网调峰能力不能适应峰谷差及可再生能源波动性、间歇性影响，难以保证电网安全稳定运行时，可启动填谷需求响应，引导电力客户在约定时间内短时增加用电，缓解电力供需矛盾。

可中断负荷：指在电力供应不足的情况下，供电企业通过电力负荷控制装置可以直接中断而不产生人身伤害和不影响用户用电设施设备安全的部分负荷。目前，可中断负荷的目标用户主要是大型工商业用户。

容量市场项目：指应对电力系统偶然性事故的一类策略。参与容量市场项目的一般都是大负荷容量用户。用户参与容量市场项目的方式一般有两种，一种是在参与需求侧竞价的同时也参与容量市场项目的实施，另一种是与容量市场项目机构签订双边合同。当发生线路故障、发电机失效等故障，引发容量紧张，此时参与容量市场项目的用户需要按照约定削减负荷，直至满足系统的容量要求。

电力辅助服务：指为维持电力系统安全稳定运行，保证电能质量，促进清洁能源消纳，除正常电能生产、输送、使用外，由火电、水电、核电、风电、光伏发电、光热发电、抽水蓄能、自备电厂等发电侧并网主体，电化学、压缩空气、飞轮等新型储能，传统高载能工业负荷、工商业可中断负荷、电动汽车充电网络等能够响应电力调度指令的可调节负荷（含通过聚合商、虚拟电厂等形式聚合）提供的服务。

第二节 电力需求响应背景

一、电力需求响应现状

从我国的实践成果来看，电力需求响应价格机制大致可以分为基于时间的价格机制（主要表现为分时电价）和基于激励的价格机制（典型应用为可中断负荷电价）。

1. 基于时间的价格机制

2021年7月，国家发展改革委印发《关于进一步完善分时电价机制的通知》（发改价格〔2021〕1093号，简称"1093号文"），对优化分时电价机制提出了明确指导意见。截至2023年12月，我国几乎所有省区都实施了分时电价机制，普遍按日划分峰平谷时段，执行峰谷电价机制，主要有以下两个方面的特点。

（1）执行范围方面：大多数省份峰谷电价执行范围包括大工业和一般工商业；河北、甘肃、浙江、上海等省市涵盖了居民用电；陕西、甘肃、天津、宁夏等省市自治区进一步将农业用电也纳入执行范围。

（2）时段划分方面：河南、四川、福建、黑龙江、吉林、山西、新疆、甘肃、宁夏等大多数省自治区都按高峰、平段、低谷三个时段执行；广东、山东、云南、江苏、重庆、山西等省市在高峰时段的基础上进一步划分了尖峰时段；江苏在谷时段基础上进一步划分深谷时段；浙江和上海均未划分平时段，前者按尖峰、高峰、低谷三个时段执行，后者按峰时段和谷时段执行。

2. 基于激励的价格机制

江苏、山东、广东、浙江、上海等多个省市实施了可调节负荷价格机制，主要有以下五个方面的特点。

（1）价格形成机制方面：一是固定价格机制。江苏省采用指导价格的方式，根据需求响应的类型、响应速度等因素，事先确定需求响应补偿标准。二是市场化的价格机制。上海、山东、浙江等均采取市场化申报的方式，基于不同的需求响应类型，按照"单边报量报价、边际统一出清"或"双边报量报价、边际统一出清"的方式确定需求响应的补偿标准。

（2）价格水平方面：普遍采取了"阶梯式"的价格机制，即基于不同的需求响应类型，根据不同的响应速度、响应时长、响应程度确定不同水平的补偿价格标准。

（3）执行周期方面：一是按年定价，即以年度为结算周期进行补偿，上海采取这种方式；二是按次数定价，即以每一次需求响应为周期进行补偿，江苏、山东、浙江等均采取这种方式。

（4）补偿机制方面：一是单一制的补偿机制。江苏、浙江对填谷型的需求响应采取单一容量补偿机制，并明确了固定的补偿标准；江苏的削峰式需求响应、浙江的日前削峰、山东的经济型削峰以及上海的削峰和填谷需求响应均采取单一电量补偿机制，补偿标准为需求响应申报的出清价格（其中山东的补偿价格与现货市场联动）。二是两部制的补偿机制。山东针对紧急情况下的削峰和填谷需求响应，浙江针对小时级、分钟级和（准）秒级需求响应同时进行电量补偿和容量补偿。其中，山东的容量补偿标准为需求响应申报的出清价格、电量补偿标准与现货市场联动；浙江的容量和电量补偿标准都为事先明确的固定价格。

（5）资金来源方面：一是来自实施季节性电价或尖峰电价的增收部分，江苏、上海采取这种方式。这种方式需要配套实施相关电价政策。二是来自跨区域富余可再生能源电力现货交易购电差价盈余空间，浙江、山东采取这种方式。这种方式下需求响应的补偿资金具有一定的不确定性。三是向全体市场化用户分摊，广东采取这种方式。这种方式需要考虑到用户的承受能力，并未完全体现谁受益谁承担。四是来自财政补贴，广州有针对实施需求响应的财政专项资金。这种方式需要地方政府的财政支持。五是纳入供电成本。河南提出开展需求侧管理工作的合理支出计入供电成本。

浙江省内大范围启动电力需求侧能力建设工作最早可追溯到 2019 年，建设初期主要目的为落实供给侧结构性改革有关部署，而随着新形势下电力供需矛盾逐渐加剧，在 2020 年至 2023 年几次阶段性全省范围的负荷缺口下，电力需求响应在促进电力供需平衡和保障重点用户用电等方面均发挥重要作用。

二、政策背景

（一）国家政策

2015 年 3 月，《中共中央 国务院关于进一步深化电力体制改革的若干意见》（中发〔2015〕9 号）指出应进一步提升以需求侧管理为主的供需平衡保障水平。同月，《国家发展改革委 国家能源局关于改善电力运行调节促进清洁能源多发满发的指导意见》（发改运行〔2015〕518号）强调通过移峰填谷为清洁能源多发满发创造有利条件。2015年4月，《国家发展改革委、财政部关于完善电力应急机制做好电力需求侧管理城市综合试点工作的通知》（发改运行〔2015〕703号）要求在试点城市建立长效机制，制定、完善尖峰电价或季节电价。

2016年3月，新华社授权发布《中华人民共和国国民经济和社会发展第十三个五年规划纲要》，提出要适应分布式能源发展、用户多元化需求，提供需求侧交互响应能力，建设"源-网-荷-储"协调发展、集成互补的能源互联网。2016年12月，《国务院关于印发"十三五"节能减排综合工作方案的通知》（国发〔2016〕74号）强调加强电力需求侧管理，建设电力需求侧管理平台，推广电能服务，鼓励用户采用节能技术产品，优化用电方式。同月，《国家发展改革委 国家能源局关于印发能源发展"十三五"规划的通知》（发改能源〔2016〕2744号）指出要引导电力、天然气用户自主参与调峰、错峰，增强需求响应能力，同时提高电网与发电侧、需求侧交互响应能力。

2017年3月，《国家发展改革委 国家能源局关于有序放开发用电计划的通知》（发改运行〔2017〕294号），明确提出逐步形成占最大用电负荷3%左右的需求侧机动调峰容量。2017年9月，国家发展改革委等六部委发布《关于深入推进供给侧结构性改革 做好新形势下电力需求侧管理工作的通知》（发改运行规〔2017〕1690号），指出要支持、激励各类电力市场参与方开发和利用需求响应资源，提供有偿调峰、调频服务，逐步形成占年度最大用电负荷3%左右的需求侧机动调峰能力。

2017年9月，国家六部委联合印发《电力需求侧管理办法》（修订版），提出电力需求侧即是用户供给侧，做好电力需求侧管理工作，有利于提升企业效率、降低实体经济企业成本。供给侧结构性改革的深入推进，客观上要求切实利用好需求侧管理的重要工具，与供给侧相互配合、协调推进，紧扣供给侧结构性改革的新任务和新问题，实现新突破。

2022年1月，《国家发展改革委 国家能源局关于印发〈"十四五"现代能源体系规划〉的通知》（发改能源〔2022〕210号），提出加强电力需求侧响应能力建设，整合分散需求响应资源，引导用户优化储用电模式，高比例释放居民、一般工商业用电负荷的弹性。力争到2025年，电力需求侧响应能力达到最大负荷的 3%～5%，其中华东、华中、南方等地区达到最大负荷的 5% 左右。

2022 年 5 月，《国家发展改革委办公厅 国家能源局综合司关于推进新型电力负荷管理系统建设的通知》（发改办运行〔2022〕471 号），指出负荷管理系统是负荷资源统一管理、统一调控、统一服务的重要工具，要求各地推进负荷管理系统建设，实现 2025 年系统负荷控制能力达到本地区最大负荷的 20%以上，负荷监测能力达到本地区最大负荷的 70% 以上。

2023 年 10 月，国家发展改革委、国家能源局印发《电力负荷管理办法（2023 年版）》《电力需求侧管理办法（2023 年版）》，办法明确从需求响应、节约用电、电能替代、绿色用电、智能用电、有序用电等多维度推进电力需求侧管理，助推新型电力和能源体系建设，增强电力供用链安全稳定性，推动电力消费绿色低碳变革，提升电力产业现代化水平。

（二）国家电网有限公司政策

2018 年至今，为积极响应落实国家对电力需求侧管理方面的工作要求，国家电网有限公司总部已陆续印发《国家电网有限公司电力需求响应工作两年行动计划（2020—2021 年）》（国家电网营销〔2020〕461 号）等多项电力需求响应相关文件，从总部层面对各省电力公司电力需求响应工作提出总体建设目标与要求，推动国网经营区内电力需求响应工作的规范化与规模化发展。

2021 年，国家电网有限公司发展建设部印发《构建以新能源为主体的新型电力系统行动方案（2021—2030 年）》（国家电网发展〔2021〕357 号），要求各省公司开展可调节负荷资源普查。建成 27 家省级智慧能源服务平台，聚合各类资源，积极参与需求响应市场、辅助服务市场和现货市场。推动各省出台需求响应支持政策和市场机制，通过市场机制合理分配成本和收益。配合政府编制有序用电方案，达到最大负荷的 20% 以上且覆盖最大电力缺口。到 2025 年、2030 年，可调节负荷容量分别达到 5900 万、7000 万 kW。

2022 年，国家电网有限公司印发《国家电网有限公司关于推进新型电力负荷管理系统建设工作的意见》（国家电网营销〔2022〕93 号），要求各省公司推进负荷管理系统建设，深化完善负荷管理系统功能，推广新型智慧能源管理技术应用，逐步实现常态化的需求侧管理。

2023 年底，负荷控制能力达到本地区最大用电负荷的 10% 以上。

2023 年，国家电网有限公司营销部印发《国网营销部关于印发电力用户负荷资源排查专项行动工作方案的通知》（营销综〔2023〕12 号），要求各省公司开展资源排查，掌握重点行业、重点用户生产特点和负荷特性，深挖负荷资源调控潜力，推动释放用户能效空间，提升服务电力保供、服务市场主体、服务节能提效的能力，打造适应市场化改革、满足市场化多元主体需求的负荷管理新模式。力争到2023年、2025年，负荷精细化管理能力分别达到最大负荷的5%、20%。

（三）浙江省政策

2018年，浙江省发展改革委、能源局印发《关于开展2018年度浙江省电力需求响应试点工作的通知》（浙发改能源〔2018〕363号），指出浙江省应从行政化有序用电向市场化需求响应转型，积极紧抓机遇，适时推动需求响应业务发展，促进新能源消纳及电网安全。

2019年，浙江省发展改革委、能源局印发《关于开展2019年度浙江省电力需求响应工作的通知》（浙发改能源〔2019〕336号），指出迎峰度夏期间，全省统调最高用电负荷预计达7800万kW，同比增长约9%，电力供需呈紧平衡态势，若遇到极端天气、受电减小等情况，局部区域可能出现电力供应缺口。据此，全省安排削峰需求响应总负荷300万kW，形成达年度最大用电负荷3.8%的需求侧机动调峰能力。

2020年，浙江省发展改革委、能源局印发《关于开展2020年度电力需求响应工作的通知》（浙发改能源〔2020〕221号），要求以电力市场化改革持续深化为契机，充分发挥互联网＋、智能客户端、储能等先进技术手段，组织实施"百万用户、百万千瓦"专项行动，广泛发动各类用户参与电力需求响应，实现电力削峰填谷，促进可再生能源消纳，进一步加快源网荷储友好互动系统建设。2020年实现全省精准削峰负荷响应能力达到400万kW，负荷侧调峰能力达到统调最高用电负荷的5%左右。引入市场化竞价机制，探索需求响应资源参与电力市场辅助服务交易，完善技术标准体系和聚合平台建设，初步形成具有浙江特色的电力需求侧管理模式。

2021年，浙江省发展改革委、能源局印发《关于开展2021年度电力需求响应工作的通知》（浙发改能源〔2021〕197号），要求以源网荷储一体化和多能互补为目标，以数字化改革为引领，以"行政＋市场"机制为保障，以"云大物移智链"等技术为手段，最大范围动员、唤醒沉睡的需求侧响应资源，积极构建理念技术先进、资源匹配精准、政策标准完善、应用场景丰富的电力需求响应工作体系，积极开展虚拟电厂等项目试点示范，有效提升电力系统运行效率。全省储备用户侧削峰响应能力 1000 万 kW 以上，具备最高用电负荷 5% 以上的削峰能力。

2022 年，浙江省发展改革委印发《关于做好 2022 年电力需求响应工作的通知》，要求有效实施电力市场化调峰行动，充分发挥市场在优化资源配置和电力保供中的作用，积极应对化解阶段性电力供需紧张矛盾，引导用户优化用电负荷，确保夏季 7、8 月增加市场化调峰能力 300 万 kW 以上。全省储备用户侧削峰响应能力 1100 万 kW 以上，具备最高用电负荷 5% 以上的削峰能力。

2023 年，浙江省发展改革委、能源局印发《2023 年浙江省电力需求侧管理工作实施方案》（浙发改能源〔2023〕147 号），要求持续深挖需求响应调节潜力，完善需求响应市场化竞价机制，鼓励各市出台需求响应地方补贴政策。常态储备 600 万 kW 迎峰度夏需求响应专项预案，最大范围集聚负荷侧资源。

三、浙江电力供需形势

（一）2022 年电力运行情况

2022 年浙江省电力供需缺口大、持续时间长、极端状况多。迎峰度夏期间，浙江省经历连续极端高温天气，全社会最高负荷突破 10190 万 kW，同比增长 1.7%；先后实施需求侧响应 10 天和有序用电 19 天，最大供用电缺口 1188 万 kW，还原后有 26 天负荷需求破亿，实际最高用电负荷 10860 万 kW，同比增长 8.4%。迎峰度冬期间，受多轮寒潮、灵绍直流检修、发电用气紧张等影响，电力供需平衡困难，通过积极争取外来电增供和深入挖掘省内机组顶峰能力，全省电力供应总体有序，最大用电负荷 8674 万 kW。

2022 年初预测全省最大可靠供应能力 9900 万 kW，其中省内 6600 万 kW，省外 3300 万 kW。迎峰度夏期间，通过深入实施十大攻坚行动，实际最大供应能力达 10190 万 kW[1]，较预计提高 290 万 kW。其中，省内最大供应能力 6867 万 kW[1]，较预计提高 267 万 kW；外来电最大受入电力 3790 万 kW[2]，较预计提高 490 万 kW。

（二）2023 年电力电量平衡情况

预测 2023 年浙江省全社会用电量将同比增长 6.9%，达 6159 亿 kWh，较 2022 年增加 398 亿 kWh。2023 年夏季全省全社会最大负荷 11022 万 kW，预计

---

[1] 2022 年 7 月 11 日数据。
[2] 2022 年 7 月 15 日数据。

冬季全社会最高负荷将达到 9931 万 kW,增量分别为 832 万 kW 和 1258 万 kW,同比增长 8.2% 和 14.5%(同比增速较高的原因是 2022 年夏季实施有序用电、冬季遭遇疫情,同期基数较低)。如遇极端天气,夏冬高峰用电负荷还将进一步增长。

2023 年通过加快推进省内外电源项目建设,巩固上年度电力保供攻坚行动措施,全省可靠的电力顶峰能力预计最大可达 10800 万 kW,较 2022 年增加 900 万 kW。

近年来我国电力负荷"冬夏"双高峰特征日趋明显,国民经济延续恢复向好态势,预计全社会用电量将持续增长,负荷峰谷差进一步加大,如何发挥需求侧调节能力成为电网发展的重中之重。

第三节　电力需求响应意义

随着中国经济社会的快速发展、电能替代战略的推进以及极端气候的频繁显现,具有多元互动特性的弹性负荷持续快速增长,电力负荷侧也出现了随机性和不确定性的特征,电网供需平衡面临新的挑战。传统的有序用电行政性手段将难以适应电力市场发展的新趋势、新要求,新形势下需要创新弹性负荷调节机制,调动需求响应资源积极参与电网互动。

一、缓解电网建设压力

目前我国季节性尖峰负荷矛盾突出。以季节性和区域性为特征的高峰供电紧张现象已经是全国性问题。尽管尖峰负荷峰值较大,但其持续时间短,如果通过投资建设年利用小时低的调峰电厂,相关电厂及配套电网需要投入大量资金,将会造成社会资源的极大浪费。实施电力需求响应,可以在需求高峰时段采取节电措施来平滑电力负荷。通过引导用户优化用电负荷,降低用户在高峰时段的电力使用量,减少电网的负荷峰值,减轻电力供给侧压力,从而避免过度依赖电网扩建,延缓建设需求。

二、提高供电可靠性

电网调峰调差压力逐年加大。清洁能源出力的随机性、间歇性导致电网调峰调差压力进一步加大。受直流输电功率增长和新能源发电快速增长影响,调峰困难时段由低谷时段进一步扩展到腰荷和低谷时段。在峰值负荷时，电网可能面临过载风险，这会导致电力供应的不稳定和供电中断。实施电力需求响应，提前部署和调度需求侧资源，引导用户行为，优化负荷需求曲线，可降低电力供应难度和成本，提高供电可靠性。

三、创造经济效益

电力需求侧管理项目的实施，可以为社会、电网企业、电厂企业、用户等主体创造多种效益。根据效益获得方式，需求响应综合效益可分为直接效益和间接效益。

（一）直接效益

直接效益包括参与项目的电力用户直接效益和推行项目的电网企业直接效益。电力用户通过参与需求响应项目减少的电费支出和所获得的电网公司其他激励性补偿，以及通过提高电力设备能效及寿命等所获得的效益；电网企业直接效益包括降低电网企业运营成本，提高供电可靠性等。

（二）间接效益

间接效益包含集合效益、附属效益和减排效益。

1. 集合效益

需求响应集合效益包括短期市场效益、长期市场效益和可靠性效益。

短期市场效益是指通过需求响应项目经济有效地降低边际成本和现货市场价格。其计量指标包括系统尖峰价格出现的概率和频率等。

长期市场效益是指将需求响应资源纳入综合资源规划，以推迟发电、输电和配电等基础设施建设。

可靠性效益是指通过需求项目降低中断用户供电的概率和严重度。其计量指标包括系统运行可靠性指标、切负荷概率、切负荷容量和事故停电损失等。

2. 附属效益

需求响应附属效益包括产业效益、能源独立性效益和用户用电多元化效益。

产业效益体现在实施需求响应可带动智能楼宇、智能家居、智能交通等产业的发展，推动技术升级和产业结构调整。

能源独立性效益体现在调用本地需求响应资源可减少突发事件情况下对外部电力供应的依赖性。

用户用电多元化效益体现在需求响应为用户提供多样化的供电服务，帮用户灵活配置负荷资源，有效降低用电成本。

3. 减排效益

减排效益体现在需求响应项目有助于提高清洁能源利用率和电能使用效率。

第二章

电力需求响应业务

需求响应是通过市场化激励机制，引导电力客户在约定时间内短时优化用电负荷，有效实现削峰填谷，缓解电力供需矛盾，增强电力应急调节能力的行为。根据响应效果不同，可分为削峰、填谷需求响应；根据提前通知时间不同，可分为日前（提前一天）、小时级（提前4h以上）、分钟级（提前30min以上）、（准）秒级（实时）需求响应。

本章主要介绍电力需求响应主体业务，主要从需求响应负荷资源池建设、需求响应实际应用、效果评价及补贴发放三方面对需求响应业务进行介绍，明确需求响应主要业务流程及业务规范。

第一节 负荷资源池建设

负荷资源池建设以"需求响应优先、有序用电保底、节约用电助力"为工作原则，通过数据赋能、现场普查、分析入库、政企协同、强化管控等做法，深入挖掘用户侧负荷资源，精准开展电力负荷管理资源池建设，服务需求响应等需求侧管理工作安全可靠实施，确保电力供需总体平衡，确保电网运行安全稳定，确保居民企业生产生活可靠供电，决不出现拉闸限电情况，服务新型电力系统建设。

一、资源类型

按响应时间、区域、行业等分类维度，做好负荷标签设计，对负荷资源进行分类标识。

（一）削峰资源

1. 日前资源

该类用户需具备 $T+1$ 天完成需求响应的能力（T 日通知），响应持续时间不低于 30min，满足负荷采集相关要求。用户在"网上国网"App 上签约后即具备参与资格。

2. 小时级资源

该类用户需具备 4h 内完成需求响应的能力，优选应急机动负荷用户，其负荷调节能力一般大于 5000kW。用户在"网上国网"App 上签约后即具备参与资格。

3. 分钟级资源

该类用户需具备 30min 内完成需求响应的能力，优选水泥、钢铁、造纸等具有工业自动控制系统的用户，大型公建、商业楼宇等具有空调控制系统的用户以及各类储能用户等，探索发挥数据中心、冷链冷库等用户的调节能力。用户完成自控系统与需求侧实时管理平台的现场联调，并在"网上国网"App 上签约后即具备参与资格。

4.（准）秒级资源

选择现场具备（准）秒级可中断能力改造条件的用户，根据用户可中断负荷容量、负荷性质、用户开关位置等具体情况，选择进行总路（准）秒级可中断或分路（准）秒级可中断能力改造。用户完成现场设备改造、开关试跳、协议签订（"网上国网"App 与纸质协议）后即具备参与资格。

（二）填谷资源

该类用户具备 $T+1$ 天完成填谷响应的能力（T 日通知），优选具有自备电厂、储能等装置的用户。用户在"网上国网"App 上签约后即具备参与资格。

二、资源普查

资源普查工作以现场普查为主，通过走访用户及对接发展和改革委员会、经济和信息化厅等部门，做好重点用能企业、"亩产效益"综合评价、有序用电行业、生产特性情况、单位增加值碳排放量、供电电源与线路等基础资料信息排摸，以及内部保安负荷、分轮次可控负荷、日前日内可响应负荷、户变拓扑关系等负荷数据信息确认记录，准确反映现场真实情况，夯实电力负荷管理业务基础。汇总整理普查用户数据，根据标签组合情况多维度构建客户精准画像。存量用户通过现场普查形式入库，高压新装用户接电前完成普查并同步建设、自动入库。

（一）普查流程

分类建立存量用户、增量用户差异化普查机制。针对存量用户，以日常普查和专项普查形式常态化开展负荷普查；针对增量用户，将负荷普查纳入业扩报装业务范畴。

1. 存量用户

（1）制定普查工作方案；

（2）开展现场普查，提前熟悉了解用户行业、生产信息，现场采集用户负荷资源信息，与用户进行信息确认后，完成数据录入提交；

（3）数据校核与确认，将不合格数据及时反馈至调查人员做进一步核实；

（4）资源入库，与用户签订负荷管理相关协议，并及时向政府备案；

（5）负荷接入，完成负荷控制回路接入方案设计、工作票开具、现场施工、调试与试跳；

（6）数据归档与同步；

（7）工作考核评价。

2. 增量用户

（1）现场勘查，利用用户互动应用工具完成负荷普查信息收集；

（2）方案确定与答复，核实前期负荷资源信息及刚性/柔性可控负荷信息，开展用户分路负荷接入方案的设计与确定；

（3）装表接电，与用户签订负荷管理相关协议，完成负荷控制回路接入安装、调试和试跳；

（4）资料归档；

（5）考核评价。

（二）普查对象

普查对象为公司经营区内 10（6）kV 及以上高压用户，重点针对"两高"❶项目、规上工业❷、政府批复的负荷管理方案等负荷规模大、可调节能力强的重点用户。

---

❶ 高耗能，高排放。

❷ 规模以上工业，包含所有年主营业务收入达到 2000 万元及以上的工业法人单位。

（三）普查内容

普查内容主要为用户的基本信息、行业产业信息、生产工艺信息、刚性分轮次负荷信息、柔性可调负荷信息、能源服务信息六大类。

（1）用户基本信息：通过营销业务系统获取用户基本信息，包括户名、户号、用电地址、行业类别、供电电压等级、联系人、联系方式、年用电量、日平均最大负荷、夏季典型日平均负荷、冬季典型日平均负荷等。

（2）行业产业信息：用户所属产业链位置，产业链上下游企业名称、户号，本地关联企业名称、户号。

（3）生产工艺信息：电气拓扑结构（用户一次接线图）、保安负荷、主要生产负荷、辅助生产负荷、非生产负荷、主要可压限负荷设备（或生产线）、最大可压限负荷、提前通知执行时间、最长连续限电时间、调控方式（刚性／柔性）、可响应时段、恢复投运时间、是否具备生产控制系统等。

（4）刚性分轮次负荷信息：可控（或可监）回路对应的供电回路名称、主要带载的设备（或生产线）、负荷类型（生产设备、辅助生产设备、非生产设备）、回路用电电压等级、最大可压限负荷、回路停电准备时间、回路最长停电时间、断路器类型、是否具备远程自动开闸功能、用户是否具备配电自动化系统等。

（5）柔性可调负荷信息：中央空调、电锅炉、分布式光伏、储能、充电桩、5G基站等用能系统基本信息、功率、设备类型、设备数量、设备品牌型号、最大可压限负荷、提前通知执行时间、最长连续限电时间、可响应时段等。

（6）能源服务信息：煤炭、汽／柴油、天然气、电等多种能源的价格及年使用情况；需求响应代理、分布式光伏、节能改造等服务需求；用户重点生产设备、应急保障设备等信息。

三、签约

申请参与需求响应的电力用户和负荷聚合商应满足以下条件，并通过"网上国网"App需求响应模块，完成需求响应申请和签约。

1．电力用户

（1）具备省内独立电力营销户号；相关数据接入省电力公司的用电信息采集系统，且满足计量采集要求。

（2）响应持续时间不少于 30min。

（3）符合国家相关产业和环保政策，能源管理水平和用能效率较高。

（4）参与分钟级和（准）秒级响应的用户需完成现场工程建设、联调和验收。

2．负荷聚合商

（1）具备省内独立电力营销户号。

（2）已建成负荷聚合平台，可与电力需求侧实时管理系统正常交互。

（3）聚合总响应能力原则不小于 1000kW，响应持续时间不少于 30min。

（4）代理用户需符合国家相关产业和环保政策，能源管理水平和用能效率较高。

四、现场建设

1．用户提报与理论评估

供电公司依据指标要求、用户规模（受电容量、日常负荷）、用户资料（主要是设备类型、数量、运行负荷等）确定潜在用户，逐一查询用电信息采集系统中用户的负荷数据，核实用户基本信息，依据最近一年的用电负荷曲线数据，分析企业用电特性，计算夏季空调负荷。剔除错峰用电、负荷波动剧烈、用电负荷不足的用户。

2．现场勘查与政策宣贯

根据勘查计划，现场实施团队、客户经理会同电力用户的生产负责人、电气（用电）负责人等共同开展现场勘查。

在现场勘查时，客户经理应与电力用户进行充分交流，解释电力需求响应建设工作意义，宣传电力需求响应补贴政策，争取用户对勘查工作的最大支持；实施团队应对电力用户的空调系统、厂房布局、供配电系统、生产线设备与自动控制系统、生产工艺过程、生产调度管理过程进行全面的调研，了解现场物联建设条件，分析识别可调节负荷资源设备，预判可调节容量值与具体调节方式，并与用户初步讨论需求响应控制策略。

3．可行性评估、审核及确认

首先，由实施团队依据具体用户的现场勘查结果分析可行性，编写评估报告并提交现场实施组审核。随后，现场实施组根据用电信息采集系统数据及不同行业的生产工艺特点、不同种类设备的用电负荷特性，对建设点评估报告进行审核。

4．方案设计与评审

实施团队组织技术专家依据具体用户现场情况，编写详细的设计与施工方案，即一户一方案。对于定制开发中的技术难点，组织多方专家会审，给出解决策略。必要时要求开展二次勘查。

5．方案沟通与需求响应策略制定

在方案评审通过后，电力公司大客户经理、实施专家与电力用户对接，就可调节负荷资源的选择、需求响应策略、用户最大可调节能力等技术内容进行逐项沟通，达成"生产影响最小、实际可行性高、可调节能力最大"的共同目标。

6．施工、调试与主站联调

电力公司落实进场前的准备工作后，实施团队严格遵守"安全、按规范要求、按计划工期、按图纸方案"四大施工要求安排实施队伍，修正施工、联调计划，落实设备材料供货计划，与电力用户签署施工安全协议。

7．实战演练

通过实战演练，检验建设点是否具备电力实时需求响应能力，以及能力的大小，并发现建设过程中的质量问题以及客户协调沟通上的不足，提高电力用户参与电力实时需求响应的认知程度，使用户熟悉实时需求响应的流程和评价标准。

第二节　电力需求响应实际应用

本节围绕应用场景、启动条件、实施流程等三个方面对各类需求响应的实际应用进行介绍，通过应对不同供电缺口下启动不同类型的需求响应类型，实现负荷调控精准实施，保障电力供需平衡。

一、常规型需求响应

1．日前削峰需求响应

（1）应用场景：用于应对一天后的供电缺口，主要解决电力供需不平衡问题。

（2）启动条件：调度部门提前一天预测到存在负荷缺口时启动。

（3）实施流程：供电企业于需求响应执行日前一天，通过"网上国网" App 向符合条件的用户发出响应邀约，用户于邀约截止时间前反馈响应容量、响应价格等竞价信息；供电企业根据用户反馈信息，按照"价格优先，时间优先，容量优先"的边际出清方式确定本次补贴单价和用户中标容量。用户在响应时段自行完成负荷调节。

2．日前填谷需求响应

（1）应用场景：用于应对一天后的负荷低谷，主要解决电力供需不平衡问题。

（2）启动条件：调度部门提前一天预测到存在负荷供需不平衡时启动。

（3）实施流程：供电企业于需求响应执行前一天，以日为周期通过"网上国网" App 向符合条件的用户发出响应邀约，用户于邀约截止时间前反馈响应容量等信息；供电企业根据用户反馈信息，按照"时间优先，容量优先"的出清方式确定用户中标容量。用户在响应时段自行完成负荷调节。

3．小时级需求响应

（1）应用场景：用于应对当日 4h 后的供电缺口，主要解决外来电的不确定性、光伏等清洁能源发电不确定性以及日内负荷波动大等问题。

（2）启动条件：调度部门提前 4h 预测到存在负荷缺口时启动。

（3）实施流程：供电企业于需求响应执行前 4h，通过语音、短信等形式向协议用户发出响应执行通知；收到响应执行通知的用户需在响应时段自行完成负荷调节。

二、应急型需求响应

1．分钟级需求响应

（1）应用场景：用于应对 30min 以内的供电缺口，主要解决小范围电网故障引起的设备短时超载以及电力供需精细化调节。

（2）启动条件：调度部门提前 30min 预测到存在负荷缺口时启动。

（3）实施流程：供电企业于需求响应执行前 30min，通过电力需求侧实时管理系统向协议用户下发调节指令，经用户确认参与后，利用需求响应终端与用户自有系统的联动策略，自动完成负荷调节。

2．（准）秒级需求响应

（1）应用场景：供电企业在电网紧急情况下，利用负控终端等设备的分路跳闸功能，自动完成负荷控制，实现电网紧急情况下的精准切负荷。

（2）启动条件：当电网发生故障等紧急情况时调度可通知立即启动（准）秒级需求响应。

（3）实施流程：供电企业在电网紧急情况下，通过平台向协议用户下发控制指令，利用专变负控终端或精准负荷控制终端等负荷控制装置的分路跳闸功能，自动完成负荷控制，实现电网紧急情况下的精准负荷调控。

第三节　电力需求响应效果评价及补贴核发

需求响应激励机制是促进需求响应高效实施的重要手段，同时也是建立需求响应长期机制的基本保障。在电力市场不断开放、需求响应参与主体不断增加的背景下，评估需求响应激励措施有助于建立不同类别弹性用户的差异化管理机制。通过研究不同类型需求响应的补贴模式，测算差异化需求响应补贴金额，有助于实现对不同用户的差异化补贴，调动用户需求响应积极性，提升弹性负荷参与电网互动的效率。

本节主要讲述电力客户参与需求响应的有效判定规则和补贴审核发放流程，并明确补贴资金来源和补贴方案。

一、基线计算

基线负荷是负荷管理效果评估的基础，用于标定电力用户在未启动需求响应、有序用电等负荷管理措施时的基础用电水平，其与后续负荷管理的时段、需求等并无直接关系。

（一）削峰需求响应

1. 日前需求响应

实施日前需求响应且响应日为工作日时，选取邀约日的前 5 个正常工作日（剔除有序用电执行日、需求响应响应日等）组成基线参考日集合。计算每一参考日在计算时段（7 ～ 23 点，下同）的平均负荷 P_{avi}，并计算 5 个参考日在计算时段的平均负荷 P_{av}。若任一个 $P_{avi}<0.75P_{av}$，则将该日从参考日集合剔除；同时，向前依次递推另选，直到选满负荷要求的 5 个参考日。原则上向前递推的范围不超过 45 天，若不能选满 5 天，则选择 4 天作为参考日；若仍不满足，则将最近的节假日或执行日也视作工作日进行计算。参考日选取完毕

后，在参考日集合中剔除计算时段平均负荷值最低的参考日，并将剩余参考日的负荷平均后得到基线负荷。响应日为周六时，选取邀约日的前 3 个周六（剔除有序用电执行日、需求响应响应日等）作为基线计算参考日，基线计算方法与工作日相同。响应日为周日时，算法同周六。响应日为法定节假日时，选取历史同期作为基线计算参考日。

2．小时级需求响应

小时级削峰需求响应的计算方法同日前削峰需求响应。

3．分钟级、（准）秒级

分钟级、（准）秒级削峰需求响应按小时级削峰需求响应计算方法，得出初始基线负荷；将响应开始时间前 3h 作为基线修正窗口，将响应日窗口期的负荷平均值与参考日修正窗口期的负荷平均值之差作为调整量；在原基线基础上全时段叠加该调整量，得到参考基线。

（二）填谷需求响应

计算的基本原理同日削峰需求响应，计算时段为 0 ～ 15 点，参考日的剔除方式修改为 $P_{avi}>1.25P_{av}$。节假日负荷管理（填谷）原则上直接选取未执行负荷管理的历史同期作为参考日，有增减容变化的用户根据运行容量同比例调整基线。

二、响应有效性判定

（一）削峰需求响应

实施削峰需求响应时，用户在响应时段同时满足以下两个条件则认定为有效响应：①最大负荷小于基线最大负荷；②平均负荷小于基线平均负荷，且其差值不低于需求响应负荷的 50%。

（二）填谷需求响应

实施填谷需求响应时，用户在响应时段同时满足以下两个条件则认定为有效响应：①最小负荷大于基线最小负荷；②平均负荷大于基线平均负荷，且其差值不低于需求响应负荷的 50%。

三、补贴资金来源

以浙江省为例，其 2020 年度电力需求响应补贴资金来源于 2019 年跨区域省间富余可再生能源电力现货交易差价盈余部分。

2021 年度电力需求响应补贴资金来源于 2020 年跨区域省间富余可再生能源电力现货交易差价盈余部分。试点实施的需求响应专项市场，补贴资金由所有市场化用户按照当月实际用电电量占比分摊。

2022 年度需求响应省级补贴资金来源于省内高耗能企业差别电价资金池。由省电力公司按月将资金使用、结余等情况报省发展改革委、省能源局备案。鼓励各地因地制宜出台地方补贴政策。

2023 年度需求响应省级补贴资金由全体工商业用户公平合理分摊。补贴资金按照公开、透明的原则安排使用，经省发展改革委、省能源局审核后，由省电力公司按月通过电费退补的方式进行发放。

四、补贴方案

（一）日前削峰需求响应

针对有效响应用户，采用"基于响应负荷的阶梯式"补贴方案，根据实际响应负荷与中标响应容量的比值，给予不同的补贴强度。

（1）当实际负荷响应率低于 50% 时，响应无效，不予补贴；

（2）当实际负荷响应率在 50% ～ 80% 之间（不含 80%）时，按有效响应电量乘以出清价格的 0.8 倍进行补贴；

（3）当实际负荷响应率在 80%（含）～ 120%（含）之间时，按有效响应电量乘以出清价格进行补贴；

（4）当实际负荷响应率在 120%（不含）～ 150%（含）之间时，120% 以内部分按有效响应电量乘以出清价格进行补贴，120% ～ 150% 部分按有效响应电量乘以出清价格的 0.8 倍进行补贴；

（5）当实际负荷响应率高于 150% 时，120% 以内部分按有效响应电量乘以出清价格进行补贴，120% ～ 150% 部分按有效响应电量乘以出清价格的 0.8 倍进行补贴，超过 150% 部分不予补贴。

注：实际负荷响应率=用户实际平均响应负荷÷申报响应容量×100%；用户实际平均响应负荷为用户响应时段内平均负荷与基线平均负荷差值的绝对值。

（二）小时级、分钟级、（准）秒级削峰需求响应

针对有效响应用户，采用"两部制"补贴方案，以月度为补贴结算周期和发放周期。补贴包括容量补贴和电量补贴两部分。容量补贴针对用户的当月响应备用容量，电量补贴针对用户当月实际响应电量。

（三）日前填谷需求响应

针对有效响应用户，采用容量补贴的方案。

用户在响应时段同时满足以下两个条件则认定为有效响应：①最小负荷大于基线最小负荷；②平均负荷大于基线平均负荷，且实际负荷响应率不小于50%。

（四）"两部制"补贴方案

采用"两部制"补贴方案，以月度为补贴结算周期和发放周期。补贴包括容量补贴和电量补贴两部分。容量补贴针对用户的当月响应备用容量，电量补贴针对用户当月实际响应电量。具体评估方法如下。

补贴包括容量补贴和电量补贴两部分。以月度为周期进行补贴，计算公式如下：

$$R=R_C+R_Q$$

式中：R 为需求响应补贴；R_C 为容量补贴；R_Q 为电量补贴。

1. 容量补贴 R_C

$$R_C=CP_CK$$

式中：C 为月度容量；P 为容量补贴单价；K 为考核系数。

（1）月度容量 C：

1）小时级响应用户月度容量 $C=C_1+C_2$，其中 C_1 和 C_2 分别为"15:00～17:00"和"18:00～20:00"两个时段的月度容量，支持按月申报，用户可于上一月月底前申请变更下一个月的月度容量，并于申请月的下月生效，如不申请变更，则沿用上月的月度容量。

2）分钟级和（准）秒级月度容量 C 为用户的当月平均可调能力值，分钟级用户可调能力由需求响应终端进行计算，（准）秒级用户可调能力根据现场实际情况通过电表、分路采集设备等进行计算。

（2）容量补贴单价 P_C：根据需求淡旺季进行差异化调整。其中，旺季为1、6、7、8、9、12月，其余为淡季。

（3）考核系数 K：

1）根据用户当月未有效执行次数占被调用次数的比例进行计算。当月未发起需求响应时，考核系数 K 取1。

2）小时级用户实际响应负荷不低于月度容量的50%时，视为有效响应，否则视为无效响应。考核系数 K 在"15:00～17:00"和"18:00～20:00"两个时段分别计算。

3）分钟级和（准）秒级用户方案实际响应负荷不低于当次指标响应负荷的 50% 时，视为有效响应，否则视为无效响应。

2. 电量补贴 R_Q

$$R_Q = QP_Q T$$

式中：Q 为有效响应电量，P_Q 为出清价格，T 为价格倍数。

电量补贴费 R_Q 计算方法参考日前响应"基于响应电量的阶梯式"算法。

（五）同时参与多个响应

鼓励用户挖掘小时级、分钟级和（准）秒级签约能力以外的资源参与日前响应，并对同时参与多个响应的效果进行充分评估（如基线修正影响等）。在同一时段，用户同时参加日前响应和小时级［或分钟级、（准）秒级］响应时，优先进行日前响应效果评估，超出日前申报容量的实际响应负荷，再用于小时级［或分钟级、（准）秒级］响应效果评估。

五、补贴标准

日前削峰响应按照单次响应的出清价格和响应电量进行补贴。小时级、分钟级和（准）秒级响应执行固定的容量补贴单价和电量补贴单价。填谷响应执行固定的容量补贴单价。具体补贴单价❶见表2-1。

表 2-1　　　　　　　　　　　　需求响应补贴价格方案

	响应类型	补贴机制	补贴形式	电量补贴	容量补贴
常规型	日前削峰	基于响应电量的阶梯补贴	电量	竞价出清价格，4 元 /kWh 封顶	无
	日前填谷	两部制补贴	容量	无	5 元 /（kW·日）
	小时级	两部制补贴	容量、电量	年度固定单价4元 /kWh	旺季：0.25 元 /kW·月 淡季：0
应急型	分钟级	两部制补贴	容量、电量	年度固定单价4 元 /kWh	旺季：1 元 /kW·月 淡季：0
	（准）秒级	两部制补贴	容量、电量	年度固定单价4 元 /kWh	旺季：0.1 元 /kW·月 淡季：0

（注：旺季为1月、6月、7月、8月、9月和12月，其余为淡季。）

❶ 请读者以能源局最新文件为准，本书暂以 2023 年发布的《省发展改革委 省能源局关于印发〈2023年浙江省电力需求侧管理工作实施方案〉的通知》（浙发改能源〔2023〕147 号）文件作为计算依据。

六、审核、公示、发放

补贴资金按照公开、透明的原则安排使用，首先由电力公司组织补贴账单复核，并经省发展改革委、省能源局审核公示后，通过电费退补的方式进行发放。

（一）需求响应补贴账单复核工作流程

（1）需求响应结束后第二天，系统自动计算需求响应效果与补贴，生成待复核账单。

（2）复核"系统需求响应补贴计算结果"无误的：

1）县级用户由所辖供电所及客户服务中心复核，复核后再由县公司进行稽核；

2）市级用户由市公司复核，无需进行稽核；

3）省级用户由省负荷管理中心复核，无需进行稽核。

（3）复核"系统需求响应补贴计算结果"存在数据缺失、计算错误等情况的：

1）县级用户由下辖供电所修改响应结果并提供佐证材料，由县公司、市公司、省电力负荷管理中心逐级进行稽核，省、市、县任一稽核环节不通过则返回供电所重新复核；

2）市级用户由所辖市公司修改响应结果并提供佐证材料，由省负荷管理中心进行稽核，稽核不通过则返回市公司重新复核；

3）省级用户由省电力负荷管理中心修改响应结果并提供佐证材料进行复核、稽核。

（二）需求响应补贴发放工作流程

（1）市（县）公司需在每月 10 日前，在需求侧管理系统中完成上个月全部补贴清单的复核、稽核工作。

（2）省电力负荷管理中心需在每月 15 日前，在需求侧管理系统中完成上个月全部补贴清单的复核、稽核工作，并形成公示清单提交营销部市场处。

（3）营销部市场处负责开展全省补贴清单审核，于每月 20 日前提交省能源局挂网公示，公示时间为 5 个工作日。

（4）针对公示无异议用户，由省电力负荷管理中心编制补贴详细清单，提交营销部市场处审核，有异议用户需重新复核，并延期至次月补贴计算发放。

（5）营销部市场处审核通过后，于每月 28 日前将需求响应补贴详细清单提交营销部营业处，营业处需在次月电费关账前完成补贴发放工作。

（6）补贴发放完成后，由系统自动发起补贴到账提醒短信，用户可通过"网上国网"App 查询补贴账单明细。

第三章

电力需求响应平台

电力需求响应平台包括两个部分，分别是"网上国网"App以及新型电力负荷管理系统。"网上国网"App主要用于电力用户需求响应协议签订、需求响应邀约答复、需求响应执行监控和需求响应结果及账单查询。新型电力负荷管理系统主要用于需求响应各业务场景流程"一键"流转，系统根据提前通知时间、受限区域等情况，自动生成需求响应方案，实现响应邀约、竞价出清、执行监测和补贴发放等全流程线上流转，确保各类业务执行顺畅。

本章以新型电力负荷管理系统为例，从用户档案管理、方案全流程管理、需求响应执行监控、需求响应成效和响应补贴查询这四个部分对"一键需求响应"功能进行介绍，熟悉系统页面和业务流程。

第一节 用户档案管理

用户档案管理主要用于负荷管理人员对需求响应用户的档案进行查询和维护，包括需求响应用户档案和需求响应档案统计两部分。

一、需求响应用户档案

需求响应用户档案页面（见图3-1）主要包括需求响应用户查询、可中断协议书上传、需求响应用户修改、用户协议无效申请这四个功能。

（1）需求响应用户查询功能支持单户、供电区域、群组等方式进行查询，负荷管理人员可根据节点名、用户类型、是否有效、手机号码（普查时的电气负责人或企业负责人）、需求类型（"网上国网"App申请类型）、申请书附件、可中断协议书、签约年份八个条件查询显示满足要求的用户清单。

图 3-1　需求响应用户档案页面

（2）可中断协议书上传功能主要用于对可中断用户的纸质协议书进行上传，可中断用户在"网上国网"App 上签订需求响应协议后，负荷管理人员须在新型电力负荷管理系统上传可中断协议书，才能将用户状态变更为"有效"。

（3）需求响应用户修改功能主要用于对需求响应用户进行响应内容修改，修改内容包括：填谷响应准备时间（min）、削峰响应准备时间（min）、电气联系人、电气联系人电话、企业负责人、企业负责人电话、需求响应行业、是否发送短信等。

（4）用户协议无效申请功能主要用于对需求响应用户协议进行无效申请处理，用户在"网上国网"App 上签订需求响应协议后，如出现不再参与需求响应、需要修改需求类型或因其他原因需要修改的情况，须由负荷管理人员在新型电力负荷管理系统中完成协议无效申请，才能在"网上国网"App 上重新进行修改提交。

二、需求响应档案统计

需求响应档案统计页面（见图 3-2）统计的是需求响应用户档案页面的用户信息，主要统计日前削峰、小时级、分钟级可调节、可中断、日前填谷五种需求类型的签约用户数（户）和协议负荷（万 kW）。负荷管理人员可以根据时间类型（年、月）、统计时间、用户类型（目前只有专用变压器用户）三个条件查询对应的统计数据，并以柱状图的形式展示各地市任意一种需求类型的用户数据统计。

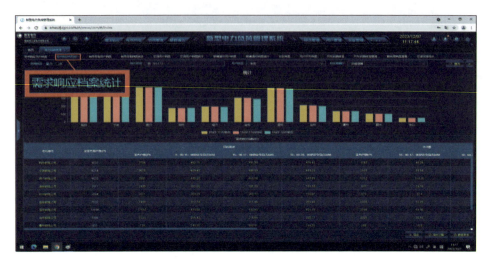

图 3-2　需求响应档案统计页面

第二节　方案全流程管理

方案全流程管理主要用于负荷管理人员对需求响应邀约方案和定向方案的编制发起、管理统计、进度管控等，包括定向轮次管理、响应方案管理、用户邀约管理三个部分。

一、定向轮次管理

定向轮次管理主要用于负荷管理人员提前编制并统计定向需求响应方案完成情况，包括定向轮次编制和定向轮次统计两个子页面。

定向轮次编制页面（见图 3-3）主要用于编制定向需求响应方案，通过点击页面右下角的"一键编制"按钮，输入方案响应指标，即可按照编制原则对方案内需求响应用户的平均实际响应负荷、签约响应负荷、平均负荷响应率进行优先级排序，自动生成满足要求的定向用户清单，负荷管理人员根据实际情况维护用户的响应日期、响应轮次和响应指标，并点击"用户数据导入"按钮进行导入，即可完成定向需求响应方案编制。

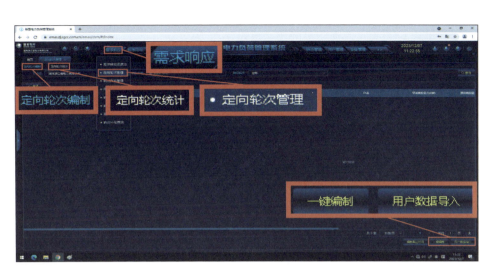

图 3-3 定向轮次编制页面

定向轮次统计页面（见图 3-4）可根据节点名、响应日期和响应轮次查询定向需求响应方案统计数据，并以柱状图、表格统计等形式展示方案编制完成情况。

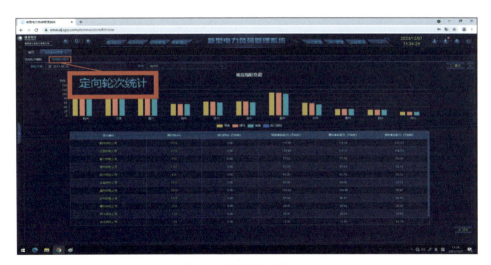

图 3-4 定向轮次统计页面

二、响应方案管理

响应方案管理页面（见图 3-5）主要用于创建需求响应方案与需求响应方案全过程监控，流程环节包括方案创建、方案审批、用户邀约、方案出清、方案发布、方案执行、执行完成，负荷管理人员可根据需求类型、方案创建时间以及方案状态等条件查询所需的需求响应方案。

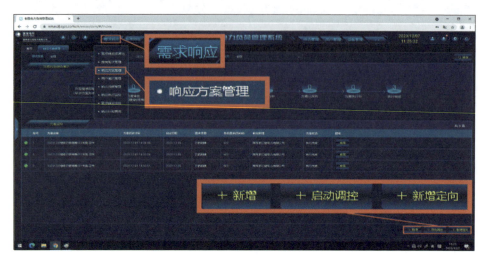

图 3-5   响应方案管理页面

页面上方展示选定时间范围内各流程环节的方案数量，选中一个流程环节，下方方案监控列表中显示该流程环节的方案明细。明细中展示方案的详细信息，包括方案名称、方案创建时间、启动日期、需求类型、负荷需求、响应区域、方案状态。

页面右下角的"新增"和"新增定向"按钮用于创建需求响应方案，创建方案时根据负荷需求的类型、大小、时间、范围、紧急程度选择方案参数，主要包含需求类型、区域类型、响应区域、负荷需求、补贴来源、启动日期、启动时段、邀约开始时间、邀约截止时间、对比日期、用户类型、基线日期、是否定向用户、是否演练方案。

方案创建完成后需要经过省电力负荷管理中心审批才能进入后续的流程环节。

三、用户邀约管理

用户邀约管理页面（见图 3-6）主要用于向编制好的方案用户发送邀约信息，并在邀约答复截止时间之后，根据用户的答复情况，按照"价格优先、时间优先、容量优先"的边际出清方式，筛选出参与用户，包括日前邀约管理、小时邀约管理、分钟邀约管理、可中断邀约管理四个子页面。

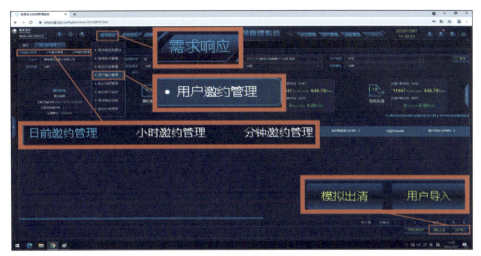

图 3-6　用户邀约管理页面

日前邀约管理仅针对日前削峰需求响应及日前填谷需求响应用户，邀约开始则向签订需求响应日前协议用户发送邀约短信与"网上国网"App 站内信，收到邀约信息的用户可以在"网上国网"App 需求响应功能中进行报量报价。负荷管理人员可根据节点名、方案创建时间、方案名称、用户类型、是否回复、邀约发送是否成功以及是否竞价成功等条件查询日前邀约用户明细。需求响应方案邀约开始后至方案出清前，可点击右下角"模拟出清"按钮进行模拟出清，根据用户答复邀约进度查看出清结果。

小时邀约管理仅针对小时级需求响应用户，邀约开始后除邀约短信与"网上国网"App 站内信方式外，还新增机器人电话的通知方式。负荷管理人员可根据节点名、方案创建时间、方案名称、邀约是否成功、电话是否接听等条件查询小时级邀约用户明细，在页面上方可看到电话接听的用户数和负荷。

分钟邀约管理仅针对分钟级需求响应用户，邀约发送方式包括短信发送、需求响应终端指令发送。负荷管理人员可根据节点名、方案创建时间、方案名称、邀约是否成功、回复状态、需求响应行业等条件查询分钟级邀约用户明细，在页面上方可以看到总调用用户数和负荷。

可中断邀约管理仅针对（准）秒级可中断需求响应用户，负荷管理人员可根据节点名、方案创建时间、方案名称等基础查询条件以及高级查询条件查询（准）秒级可中断邀约用户明细，在页面上方可以看到未跳闸用户数及占比、跳闸成功用户数及占比、跳闸失败用户数及占比以及方案用户的总负荷曲线。

方案邀约截止后，等待省电力负荷管理中心发布需求响应方案，进入后续的执行监控环节。

第三节　需求响应执行监控

需求响应执行监控主要用于负荷管理人员在需求响应执行期间对执行情况的监测，包括区域负荷监视、方案执行监视、方案执行明细三部分。

一、区域负荷监视

区域负荷监视页面（见图3-7）主要用于多维度监测某区域一天96点（每15min1个点）的负荷曲线，主要包括监视负荷（所有需求响应用户）、全社会负荷、统调负荷、调度负荷，负荷管理人员可自行选取对比日，查询并展示对比日的前述负荷曲线，曲线图下方以列表形式展示一天96点负荷的具体数值。负荷管理人员可以根据节点名、监视日期、负荷资源类型、用户类型、对比日期、行业（仅在资源类型为分钟级可调节时出现）以及聚合商等条件查询对应的监视负荷数据。

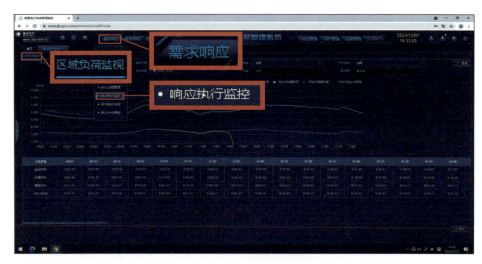

图 3-7　区域负荷监视页面

二、方案执行监视

方案执行监视页面（见图3-8）主要包括方案负荷曲线图、资源实时响应情况、各地市实时负荷响应率这三个功能。

方案负荷曲线图功能主要用于展示需求响应执行期间方案内用户的负荷曲线，以实时负荷曲线和基线负荷对比的形式展示需求响应执行情况，负荷管理人员可以自定义调节显示时间段，获取对应时间段内的负荷最大、最小值，还可通过点击曲线图右下的"负荷数据"按钮，获取方案执行时间段以及执行前后1h的负荷数据。

资源实时响应情况功能主要用于展示方案内各资源类型的响应负荷、响应户数、响应率数据。

各地市实时负荷响应率功能主要用于展示方案整体响应负荷、响应户数、响应率，并以柱状图的形式展示各地市（对应账号的下一层级，最小到区县）的实时响应负荷、约定响应负荷、响应率数据。

图 3-8　方案执行监视页面

三、方案执行明细

方案执行明细页面（见图3-9）主要用于展示需求响应方案的用户执行明细，负荷管理人员可以根据节点名、统计类型、统计时间、协议响应类型、方案名称、用户类别、负荷属性等条件查询方案的执行情况，查询结果列表主要展示用户的户号、户名、用户类别、约定响应负荷、实际响应负荷、负荷响应率、负荷详情、供电所、供电单位，通过点击负荷详情列的"曲线"按钮，可查看单用户负荷曲线，单用户负荷曲线内容包括监视负荷、约定用电负荷、基线负荷、实时负荷、50% 约定用电负荷、150% 约定用电负荷。

图 3-9　方案执行明细页面

第四节　需求响应成效和响应补贴查询

需求响应成效和响应补贴查询主要用于负荷管理人员在需求响应执行结束后对执行效果进行评估并核算用户需求响应的激励费用，包括需求响应成效和响应补贴查询两部分。

一、需求响应成效

需求响应成效页面（见图 3-10）主要用于负荷管理人员对需求响应执行效果进行评估，包括区域成效统计、方案成效统计、方案成效明细、聚合商成效统计四个子页面。

区域成效统计页面可根据节点名、统计类型、日期范围进行查询，若选择按年统计则显示当年每个月份的数据，若选择按月份统计则显示当月每天的数据。页面左上方为有效响应趋势统计，以曲线图展示计划参与响应户数、总有效响应数；页面右上方为响应分类，根据方案类型（以颜色区分）统计参与用户数；页面下方为响应数据统计，展示各地市参与方案数、计划响应用户总数、日前（削峰）型计划响应用户数、日前（填谷）型计划响应用户数、小时级（可调）型计划响应用户数、分钟级可调节型计划响应用户数、分钟级可中断［（秒）级］型计划响应用户数、有效响应户数、有效响应比例等数据，通过点击"供电单位"按钮可向下钻取下级单位，最低可向下钻取至供电所，点击"参与方案数"按钮可跳转至方案成效统计页面。

图 3-10　需求响应成效页面

方案成效统计页面可根据节点名、统计类型、日期范围、响应类型、方案名称等条件查询方案明细，查询结果中包含方案名称、响应类型、响应区域、参与用户、有效户数、平均响应负荷、响应电量、响应开始时间、响应结束时间等字段，如同一方案有多种资源类型方案下发时，明细中会按资源类型分类展示。通过点击页面右下角的"导出明细"按钮，可下载并查看下级供电单位的方案成效统计。选中某一方案，通过点击页面右下角的"详情"按钮，可查看方案基础信息、方案执行信息、负荷曲线和负荷详情。

方案成效明细页面主要用于对用户需求响应账单进行复核和审批，负荷管理人员可根据节点名、方案名称、用户类型、是否异常、需求响应类型、响应结果、数据是否修正等查询条件进行查询。

聚合商响应成效页面主要用于聚合商的需求响应成效查询和展示，负荷管理人员可根据节点名、响应结果、方案编号、方案名称、聚合商编号、统计类型、统计时间等条件查询聚合商用户成效明细。

二、响应补贴查询

响应补贴查询页面（见图3-11）主要包括方案激励费用核算统计、用户单次事件激励费用、用户月度容量激励费用、用户月度总激励费用四个子页面。

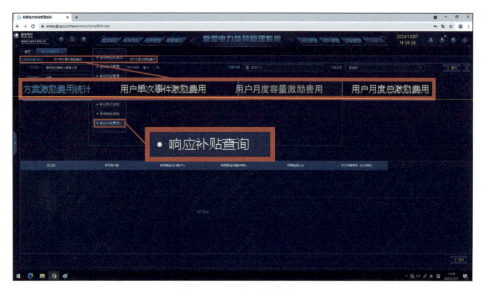

图 3-11　响应补贴查询页面

方案激励费用核算统计页面以方案形式展示需求响应方案的费用核算情况，负荷管理人员可根据统计类型（按月或年）来选择对应时段下的方案，也可根据响应类型（全部、日前削峰、日前填谷、小时级、分钟级可调节、可中断）选择对应方案，查询并展示方案参与用户数、有效响应总用户、有效响应总电量、结算金额和平均结算单价。通过点击列表中"参与用户数"下的数值，可跳转至用户单次事件激励费用页面，点击"有效响应总户数"可查看不同用户类型（低压、高压、聚合商）有效用户数及各用户类型占比，点击"有效响应电量"可查看不同用户类型有效响应电量及各用户类型占比，点击"结算金额"下数值可查看不同用户类型结算金额及各用户类型占比。

用户单次事件激励费用页面可根据节点名、统计类型、日期范围、响应类型、方案名称、用户类别等条件查询并展示选择时间段内对应用户参与的所有方案（可根据需要选择）的响应情况及补贴金额。

用户月度容量激励费用页面可根据节点名、统计类型、协议响应类型、用户类别、日期范围查询并展示用户的月度容量激励费用情况，包括户名、户号、协议响应类型、协议响应时段、年份、月度容量、参与响应次数、有效响应次数、补贴价格、容量补贴金额等。

　　用户月度总激励费用页面可根据节点名、统计类型、协议响应类型、用户类别、日期范围查询并展示用户的月度总激励费用情况，包括户名、户号、协议响应类型、年（月）份、电量（负荷）补贴累计金额、容量补贴累计金额、补贴总金额等。

第四章

典 型 案 例

为充分释放用户侧弹性,精准匹配电网运行需求,国网浙江省电力有限公司立足浙江电网典型问题,深度挖掘行业用电特性,建立了日前需求响应、小时级需求响应、分钟级可调节需求响应、(准)秒级需求响应、日前和分钟级需求响应、负荷聚合商参与需求响应6种需求侧措施应用场景。

本章分类介绍多时间尺度、各行业电力需求响应典型案例,针对性分析各行业典型用户负荷情况、响应执行情况、补贴计算方法,提出推广建议及响应策略。

第一节　日前需求响应典型案例

一、冶金行业日前需求响应典型案例

(一)概述

由于省内2台百万机组临时停机消缺及全网用电紧张等原因,2022年8月5日全省供电负荷缺口预计为800万kW,计划于8月6日09:00～22:30启动需求响应第一、二、三轮方案,计划压降负荷800万kW。其中杭州某电镀制品有限公司参与第一轮方案,参与时间为09:30～11:00。

(二)用户基本情况

杭州某电镀制品有限公司主要从事五金工具配件,以及建筑五金材料电镀、制造、销售等。用户受电容量650kVA,主要用电设备为办公电器、电镀槽炉、磨机、抛光机、烘干机等生产设备,日常调控为手动就地控制,未采用集中式生产自动化控制系统。

1. 常规基线情况

生产计划：该用户为 24 小时连续生产型，日常运行负荷约 420kW，不分工作日（见图 4-1）和周末（见图 4-2）。

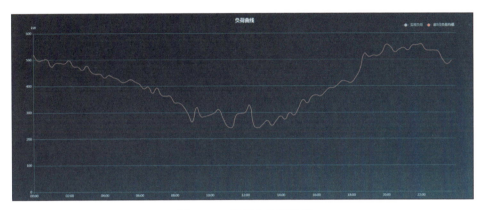

图 4-1　工作日负荷曲线 [1]

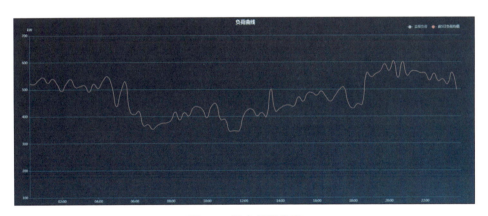

图 4-2　周末负荷曲线

2. 用户负荷情况

该用户的主要生产工艺流程：

除油脱脂→去氧化→导电润湿→预镀→电镀→高温镍水洗→吹干→封孔→烘干→成品

主要用电设备负荷特性分析：

除办公用电与电镀设备外，其他用电设备负荷特性为可中断负荷，详见表 4-1。

---

[1]　第四章中出现的所有曲线图，其中横坐标表示时间，纵坐标表示负荷。

表 4-1　　　　　　　　　　　　　主要用电设备负荷特性表

工艺环节	生产线或用电设备名称	功能用途	工艺环节耗时	正常工作时段	设备负荷特性
除油脱脂	超声波清洗	材料清洗	连续性生产	00:00～24:00	可中断
	电解脱脂	材料清洗	连续性生产	00:00～24:00	可中断
去氧化	磨机、抛光机	金属去氧化	连续性生产	00:00～24:00	可中断
预镀	电镀槽炉	金属电镀	连续性生产	00:00～24:00	不可中断
电镀					
烘干	烘干机	快速干燥	连续性生产	00:00～24:00	可中断
其他	办公用电	办公生活供电	连续性生产	00:00～24:00	不可中断

（三）响应执行

2022 年 8 月 5 日 16:00 国网浙江省电力有限公司通知于 8 月 6 日 09:30～22:00 启动需求响应工作，压降负荷 800 万 kW，并发布邀约信息。杭州某电镀制品有限公司答复需求响应第一轮方案邀约，申报响应负荷 414kW，出清负荷 414kW，出清价格 3.8 元 /kWh。杭州某电镀制品有限公司在收到邀约成功短信后，计划在 8 月 6 日上午 08:30 后停止进料、除油脱脂、去氧化、烘干等操作，电镀槽炉维持一定温度保持液态，做好需求响应前的准备工作。

8 月 6 日上午 09:30，日前需求响应第一轮方案开始执行，杭州某电镀制品有限公司 337.68kW 下降至 154.48kW（见图 4-3），负荷基本维持在 126kW 左右，平均响应负荷 220.6kW，响应率 53.29%；11:00 响应结束，用户收到负荷可恢复短信，因工作计划安排当日未恢复正常生产用电，有效完成本轮需求响应。

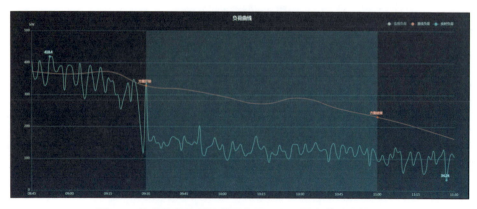

图 4-3　杭州某电镀制品有限公司 8 月 6 日负荷响应情况

（四）响应评估

响应成效：该用户 8 月 6 日执行日前需求响应方案，约定响应负荷 414kW，本次平均响应负荷 220.6kW，平均负荷响应率 53.29%，实际平均负荷 126kW，实际最大负荷 169.44kW，基线平均负荷 282kW，基线最大负荷 327.40kW，响应结果有效，有效响应电量为 330.9kWh。

判定依据：实际最大负荷（169.44kW）小于基线最大负荷（327.40kW），实际平均负荷（126kW）小于基线平均负荷（282kW），实际响应负荷响应率（53.29%）大于 50%，该用户响应有效。

（五）补贴测算

响应电量 Q=330.9kWh，出清价格 P_Q=3.8 元 /kWh，价格倍数 T=0.8〔实际负荷响应率在 50% ～ 80%（不含 80%）之间〕。

R_Q=QP_QT=330.9×3.8×0.8=1005.94 元，该用户本次需求响应可获得 1005.94 元补贴。

（六）推广建议及策略

该用户属于金属制品制造业，除用户电镀与办公生活用电外，其他设备负荷均可接入分路负控终端，建议在金属制品制造业中挖掘用户，安装分路负控终端，将用户纳入资源池。

二、纺织行业日前需求响应典型案例

（一）概述

由于省内 2 台百万机组临时停机消缺及全网用电紧张等原因，2022 年 8 月 5 日全省供电负荷缺口预计为 800 万 kW，计划于 8 月 6 日 09:00 ～ 22:30 启动需求响应第一、二、三轮方案，计划压降负荷 800 万 kW。其中绍兴某纺织有限公司参与了第一轮响应，参与时间为 09:30 ～ 11:00。

（二）用户基本情况

绍兴某纺织有限公司主要经营范围包括生产、批发、零售针纺织品、服装、无纺布、经编织物等。用户受电容量为 6680kVA，主要用电设备为空压机、喷气织机和倍捻机等。

1. 常规基线情况

生产计划：该用户为 24 小时三班倒生产型，日常运行负荷约 5500kW，负荷波动较小，不分工作日（见图 4-4）和周末（见图 4-5）。

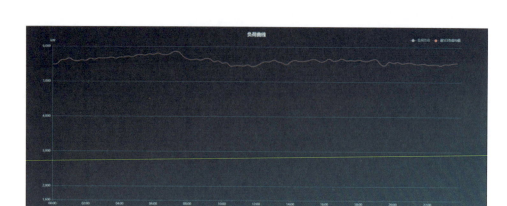

图 4-4 工作日负荷曲线

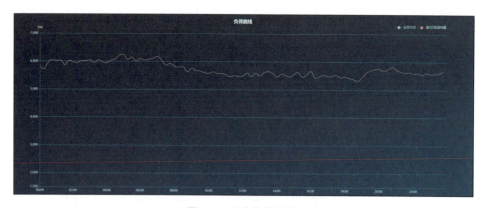

图 4-5 周末负荷曲线

2. 用户负荷情况

该用户日常运行负荷较为平稳，负荷波动较小，主要生产用电设备以及特性如表 4-2 所示。

表 4-2   主要生产用电设备及特性

设备名称	设备总功率（kW）	设备预计关停时间（min）
空压机	2500	30
喷气织机	650	30
倍捻机	1200	30

（三）响应执行

2022 年 8 月 5 日 16:00 国网浙江省电力有限公司通知于 8 月 6 日 09:30 ～ 22:00 启动需求响应工作，压降负荷 800 万 kW，并发布邀约信息。绍兴某纺织有限公司答复需求响应第一轮方案邀约，申报负荷 3500kW，出清负荷 3500kW，出清价格 3.8 元 /kWh。

8 月 6 日上午 09:30，日前需求响应第一轮方案开始执行，绍兴某纺织有限公司 09:15 开始通过先关闭主要生产设备，再关闭生产辅助设备的方式压降负荷，到 09:30 负荷从 2800kW 降至 1800kW，到 09:45 生产负荷基本关停负荷降至低于 300kW（见图 4-6），平均响应负荷 2828.91kW，响应率 80.83%。11:00 响应结束，用户收到负荷可恢复短信并完成生产负荷恢复，有效完成需求响应。

图 4-6　绍兴某纺织有限公司 8 月 6 日负荷响应情况

（四）响应评估

响应成效：该用户 8 月 6 日执行日前需求响应方案，约定响应负荷 3500kW，本次平均响应负荷 2828.91kW，平均负荷响应率 80.83%，实际平均负荷 344.69kW，实际最大负荷 1836kW，基线平均负荷 3173.60kW，基线最大负荷 3378kW，响应结果有效，有效响应电量为 4243.37kWh。

判定依据：实际最大负荷（1836kW）小于基线最大负荷（3378kW），实际平均负荷（344.69kW）小于基线平均负荷（3173.60kW），实际响应负荷响应率（80.83%）大于 50%，该用户响应有效。

（五）补贴测算

响应电量 Q=4243.37kWh，出清价格 P_Q=3.8 元 /kWh，价格倍数 T=1［实际负荷响应率在 80%（含）～ 120%（含）之间］。

$R_Q=QP_QT$=4243.37×3.8×1=16124.79 元，该用户本次响应可获得 16124.79 元补贴。

（六）推广建议及策略

该用户属于纺织行业，在没有加弹机设备的情况下需要 30min 才能将负荷压降到位。对于该类用户，在用户安排生产计划前通知到位能够使用户积极配合参与需求响应和有序用电。

第二节 小时级需求响应典型案例

一、建材行业小时级需求响应典型案例

（一）概述

2022年8月6日由于全省统调负荷持续超用电指标500万kW以上，华东和其他省份支援后供电能力仍不足，全省于15:00～22:30启动小时级响应，计划压降负荷100万kW。其中桐庐某建材有限公司于当日参与第一轮、第二轮小时级需求响应。

（二）用户基本情况

桐庐某建材有限公司主要经营砂石加工销售、建筑材料、五金材料等，用户受电容量3150kVA，主要用电设备为振动给料机、破碎机、制砂机、振动筛、洗砂机、搅拌机，用户生产设备多为离散型生产设备，日常调控为用户手动就地控制，未采用集中式的生产自动化控制系统。

1. 常规基线情况

生产计划：该用户为24小时连续生产型，日常运行负荷约617kW，主要生产负荷集中在19:00～06:00，不分工作日（见图4-7）和周末（见图4-8）。

图4-7 工作日负荷曲线

2. 用户负荷情况

用户的主要生产工艺流程：

给料→碎料→传送→制砂→筛砂→洗砂→成品

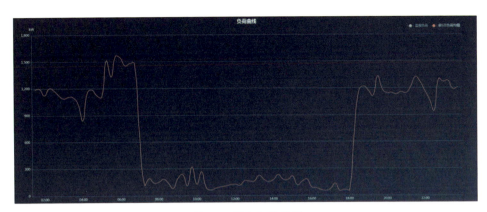

图 4-8　周末负荷曲线

主要用电设备负荷特性分析：

除办公用电外，主要用电设备负荷特性为可中断负荷，详见表 4-3。

表 4-3　　　　　　　　　主要生产用电设备及特性

工艺环节	生产线或用电设备名称	功能用途	工艺环节耗时	正常工作时段	设备负荷特性
给料	振动给料机	块料传送	连续性生产	00:00 ～ 24:00	可中断
碎料	破碎机	块料破碎	连续性生产	00:00 ～ 24:00	可中断
制砂	制砂机	制作石料	连续性生产	00:00 ～ 24:00	可中断
筛砂	振动筛砂机	筛分不同颗粒的砂石	连续性生产	00:00 ～ 24:00	可中断
洗砂	洗砂机	去除泥土、石粉，提高砂石质量	连续性生产	00:00 ～ 24:00	可中断
其他	办公用电	办公生活供电	连续性生产	00:00 ～ 24:00	不可中断

（三）响应执行

2022 年 8 月 5 日国网浙江省电力有限公司于 17:00 通知于 8 月 6 日 15:00 ～ 22:30 启动小时级需求响应，计划压降负荷 100 万 kW。桐庐某建材有限公司参与 15:00 ～ 21:30 的小时级响应，在收到预通知短信后，立刻做好生产计划调整，做好小时级响应前的准备工作。8 月 6 日 12:00，用户自行停止了给料、碎料机，减少了制砂、筛砂、洗砂机运行台数，将运行负荷由 1340kW 下降为 393kW，15:00 负荷下降至 217.6kW（见图 4-9），完成用户侧负荷压降。21:30 响应结束（见图 4-10），用户收到负荷可恢复短信，22:00 用户自行恢复用电，有效完成本轮需求响应。

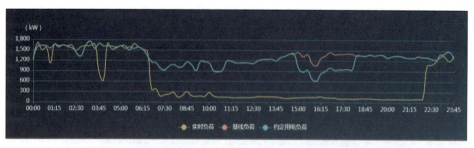

图4-9　桐庐某建材有限公司8月6日负荷响应情况（15:00～18:00）

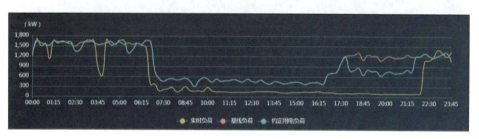

图4-10　桐庐某建材有限公司8月6日负荷响应情况（18:00～21:30）

（四）响应评估

响应成效：该用户8月6日执行小时需求响应方案。

1. 第一轮（15:00～18:00）方案

第一轮方案平均响应负荷1208.37kW，平均负荷响应率268.53%，实际平均负荷121.6kW，实际最大负荷154kW，基线平均负荷1329.97kW，基线最大负荷1436.4kW，响应结果有效，有效响应电量为3625.11kWh。

判定依据：实际最大负荷（154kW）小于基线最大负荷（1436.4kW），实际平均负荷（121.6kW）小于基线平均负荷（1329.97kW），实际响应负荷响应率（268.53%）大于50%，该用户响应有效。

2. 第二轮（18:00～21:30）方案

第二轮方案平均响应负荷1102.91kW，平均负荷响应率245.09%，实际平均负荷91.41kW，实际最大负荷106.8kW，基线平均负荷1194.32kW，基线最大负荷1305.8kW，响应结果有效，有效响应电量为3860.19kWh。

判定依据：实际最大负荷（106.8kW）小于基线最大负荷（1305.8kW），实际平均负荷（91.41kW）小于基线平均负荷（1194.32kW），实际响应负荷响应率（245.09%）大于50%，该用户响应有效。

（五）补贴测算

补贴标准：小时级响应采用"两部制"补贴方案，以月度为补贴结算周期和发放周期，补贴包括容量补贴和电量补贴两部分。由于8月份属于旺季，容量补贴价格0.25元/（kW·月），电量补贴价格为年度固定单价4元/kWh。

1. 容量补贴

月度容量 $C=C_1+C_2=450+450=900kW$（两个时段的签约容量均为450kW），补贴单价 $P_C=0.25$ 元/kW·月，考核系数 $K=1$（该户被调用2次，响应成功2次，考核系数100%）。

$R_C=CP_CK=900\times0.25\times1=225$ 元，该用户容量补贴为225元。

2. 电量补贴

第一轮（15:00～18:00）方案：

响应电量 $Q_1=3860.19kWh$，出清价格 $P_Q=4$ 元/kWh，价格倍数 $T_1=1$［120%（含）以内部分］、$T_2=0.8$［120%（不含）～150%（含）部分，超过150%部分不予补贴］。

$R_{Q1}=QP_QT_1+QP_QT_2=3625.11\times（120\%\div268.53\%）\times4\times1+3625.11\times（30\%\div268.53\%）\times4\times0.8=7776$ 元，该用户第一轮电量补贴为7776元。

第二轮（18:00～21:30）方案：

响应电量 $Q_2=3860.19kWh$，出清价格 $P_Q=4$ 元/kWh，价格倍数 $T_1=1$［120%（含）以内部分］、$T_2=0.8$［120%（不含）～150%（含）部分，超过150%部分不予补贴］。

$R_{Q2}=QP_QT_1+QP_QT_2=3860.19\times（120\%\div245.09\%）\times4\times1+3860.19\times（30\%\div245.09\%）\times4\times0.8=9072$ 元，该用户第二轮电量补贴为9072元。

综上该用户本次响应共可获得补贴为 $R=R_C+R_{Q1}+R_{Q2}=225+7776+9072=17073$ 元。

（六）推广建议及策略

该用户属于结构性建材制造业，除用户办公生活用电外，其他设备负荷均可接入分路负控终端，建议在结构性建材制造业中挖掘用户，安装分路负控终端，将用户纳入资源池。

二、钢铁行业小时级需求响应典型案例

(一)概述

2021年7月由于华东地区大范围持续高温,浙江罕见连续晴热高温,多地气温超过40℃,电力负荷快速增长,全省统调负荷持续超用电指标300万kW以上,华东和其他省份支援后供电能力仍不足,全省于7月12日15:00~16:00启动小时级需求侧响应,计划压降负荷100万kW。其中浙江某合金钢有限公司于当日参与小时级需求侧响应。

(二)用户基本情况

浙江某合金钢有限公司是合金钢生产用户,主要经营合金钢钢锭加工销售,金属材料、金属制品、铁合金的销售。用户受电容量16000kVA,主要用电设备为电炉、精炼炉等,用户生产设备多为连续型生产设备,采用集中式的生产自动化控制系统。

1. 常规基线情况

生产计划:该用户为24小时连续生产型,日常运行负荷约8000kW,主要生产负荷集中在22:00~17:00(次日),不分工作日(见图4-11)和周末(见图4-12)。

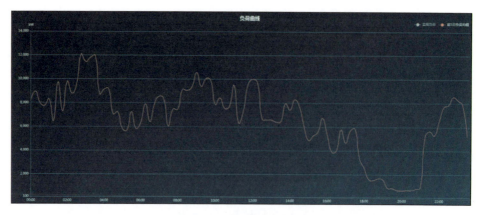

图4-11 工作日负荷曲线

2. 用户负荷情况

用户的主要生产工艺流程:

下钢料→精炼→铸造→锻造→正火→机加工→调质处理→精加工→局部表

面淬火→低温回火→磨削→成品

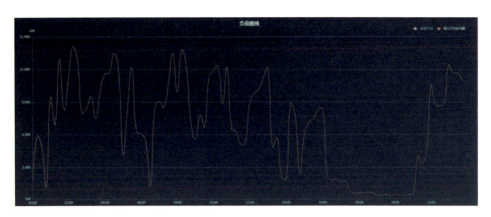

图 4-12　周末负荷曲线

主要用电设备负荷特性分析：

除办公用电与退火设备外，主要用电设备负荷特性为可中断负荷，详见表 4-4。

表 4-4　　　　　　　　　　　**主要生产用电设备及特性**

工艺环节	生产线或用电设备名称	功能用途	工艺环节耗时	正常工作时段	设备负荷特性
粗处理	清洗机	钢料清洗	连续性生产	00:00 ～ 24:00	可中断
	冲床	钢料定型	连续性生产	00:00 ～ 24:00	可中断
精炼	精炼炉	钢铁精炼	连续性生产	00:00 ～ 24:00	可中断
退火	退火炉	表面处理	连续性生产	00:00 ～ 24:00	柔调
其他	办公用电	办公生活供电	连续性生产	00:00 ～ 24:00	不可中断

（三）响应执行

2021 年 7 月 12 日国网浙江省电力有限公司于 11:00 通知各地计划于 15:00 ～ 16:00 启动小时级响应，压降负荷 100 万 kW。浙江某合金钢有限公司在收到预通知短信后，立刻做好生产计划调整，约定响应负荷 4000kW，确保在 15:00 前电炉钢水出清且后道工艺流程结束，做好小时级响应前的准备工作。14:30 用户负荷 7234.5kW，开始压降负荷，关闭了厂区内的所有中频炉、部分电弧炉和对应的精炼设备，只保留了办公用电与退火设备。15:00 用户负荷下降为 984.9kW（见图 4-13），完成用户侧小时级负荷精准响应。16:00 响应结束，全厂按照生产安排有序恢复生产，平均响应负荷 7299.81kW，有效完成本轮小时级需求响应。

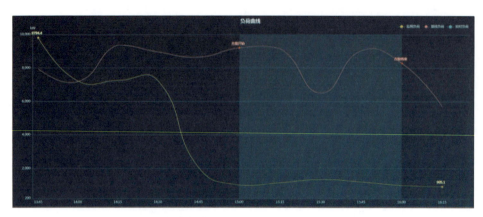

图 4-13　浙江某合金钢有限公司 7 月 12 日小时级需求响应曲线

（四）响应评估

响应成效：该用户 7 月 12 日执行小时级需求响应方案，本次平均响应负荷 7299.81kW，平均负荷响应率 182.5%，最大响应负荷 8194.2kW，基线平均负荷 8419.95kW，基线最大负荷 9179.1kW，响应结果有效，有效响应电量为 7299.81kWh。

判定依据：实际最大负荷（1325.1kW）小于基线最大负荷（9179.1kW），实际平均负荷（1120.14kW）小于基线平均负荷，实际响应负荷响应率（182.5%）大于 50%，该用户响应有效。

（五）补贴测算

补贴标准：小时级响应采用"两部制"补贴方案，以月度为补贴结算周期和发放周期，补贴包括容量补贴和电量补贴两部分。由于 7 月属于旺季，容量补贴价格为 0.25 元 /（kW·月），电量补贴价格为年度固定单价 4 元 /kWh。

1. 容量补贴

月度容量 C=4000kW（签约容量为 4000kW），容量补贴单价 P_C=0.25 元 /（千瓦·月），考核系数 K=1（该户被调用 1 次，响应成功 1 次，考核系数 100%）。

R_C=CP_CK=4000×0.25×1=1000 元，该用户容量补贴为 1000 元。

2. 电量补贴

响应电量 Q=7299.81kWh，出清价格 P_Q=4 元 /kWh，价格倍数 T_1=1［120%（含）以内部分］、T_2=0.8［120%（不含）～ 150%（含）部分，超过 150% 部

分不予补贴]。

$R_Q=QP_QT_1+QP_QT_2=7299.81×$（120%÷182.5%）$×4×1+7299.81×$（30%÷182.5%）$×4×0.8=23040$ 元，该用户电量补贴为 23040 元。

综上该用户本次响应共可获得补贴为 $R=R_C+R_Q=1000+23040=24040$ 元。

（六）推广建议及策略

该用户属于有色金属压延制造企业，除用户退火炉设备与办公生活用电外，其他设备负荷均可接入分路负控终端，建议在有色金属压延制造业中挖掘用户，安装分路负控终端，将用户纳入资源池。

第三节　分钟级可调节需求响应典型案例

一、水泥产业分钟级可调节需求响应案例

（一）概述

2021 年 7 月 12 日 11 时许，省内某台百万火电机组突发故障需紧急检修，检修时长约 4h，午后天气骤变，光伏出力不足，全省预计在 15:00 ～ 16:00 之间产生负荷缺口 200 万 kW，省公司决定紧急启动分钟级需求响应平衡缺口。

（二）用户基本情况

宁波某水泥有限公司目前由 35kV 专线供电，运行容量 25050kVA。用户拥有 4 台 4.2m×11m 球磨机、RPV 120-80 辊轮机等先进设备，主营产品为 42.5 级普通硅酸盐水泥和 32.5 级复合硅酸盐水泥。

1. 常规基线情况

生产计划：24 小时连续性生产（见图 4-14），不分工作日和周末，08:00 ～ 13:00 平均负荷 15000kW 左右，14:00 ～ 18:00 平均负荷 9000kW 左右，22:00 ～ 08:00（次日）平均负荷 17000kW 左右，日均负荷接近 14000kW。

2. 用户负荷情况

水泥生产主要用电设备包含破碎机、粉磨设备、回转窑以及各类传输提升设备（见图 4-15），功率大，耗电量高。除回转窑系统因启停耗时太长无法支持需求响应外，水泥磨、生料磨系统都属于可调节负荷设备，用电量占整个水泥生产用电负荷的 60% ～ 70%，可调节负荷资源潜力大。粉磨设备主要包括

生料磨、煤磨和水泥磨^❶，其设计台时产量一般都大于消耗量，生产和消耗之间有缓冲库，这使水泥生产线可实现负荷柔性调节，而不会导致生产线完全中断，造成经济损失。生料磨、水泥磨等生产系统可以据此关停部分设备、调整转移部分设备的生产时间，从而降低需求响应期间的生产负荷。

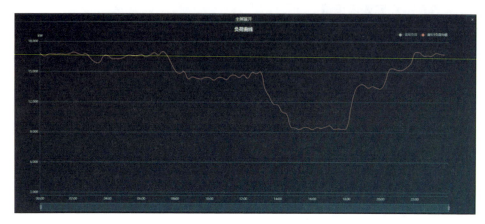

图 4-14　常规基线情况

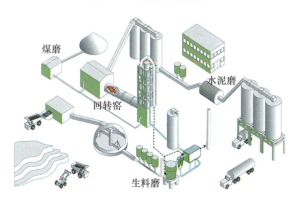

图 4-15　水泥生产原理示意图

水泥企业采用 DCS 系统实现了对整个生产线的高度自动化控制，主要过程（参考图 4-16）为：

石灰石开采→原料破碎及预均化→生料粉磨→生料均化→熟料煅烧及冷却→水泥粉磨→水泥储存及均化→水泥发运

除办公和基础设施外，主要用电设备负荷特性详见表 4-5。

---

❶ 粉磨类设备包含粉磨主电机、选粉机、排风机、传输带等。

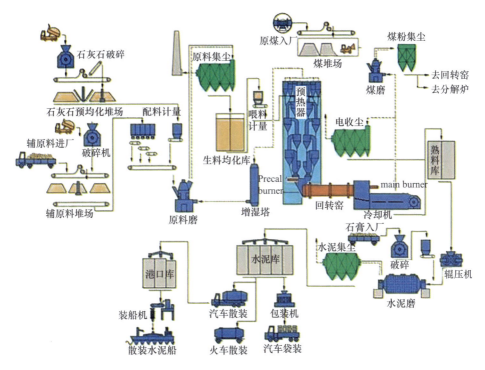

图 4-16　水泥生产过程

表 4-5　　　　　　　　　　主要生产用电设备及特性

工艺环节	生产线或用电设备名称	功能用途	工艺环节耗时	正常工作时段	设备负荷特性
破碎	破碎机	石灰石破碎	非连续性生产	00:00 ～ 24:00	可中断
粉磨	原料磨	磨粉	非连续性生产	00:00 ～ 24:00	柔调
增湿	增湿塔	石灰粉增湿	非连续性生产	00:00 ～ 24:00	可中断
泥磨	水泥磨	石膏磨粉	非连续性生产	00:00 ～ 24:00	可中断
其他	办公用电	办公生活供电	连续性生产	00:00 ～ 24:00	不可中断

（三）响应执行

浙江省新型电力负荷管理系统在 7 月 12 日 11:30 启动分钟级需求响应，向全省分钟级响应池中用户发送邀约。宁波某水泥有限公司在 11:30 在需求响应终端"事件交互"界面选择是否参与本次响应，并进行二次确认，约定响应负荷为 13163.25kW。从确定参与响应后，用户调整生产计划，加快破碎机、粉磨机等设备运行，填满回转窑中生、熟料库存，库存供应时长约 6h。

用户在14:55关停破碎机、粉磨机等设备，负荷从16243kW逐渐下降，在15:00时负荷下降至5390kW，在15:10时负荷下降至913kW，并持续至20:45恢复破碎机、粉磨机等设备的生产用电。期间，用户通过需求响应终端（见图4-17）"负荷跟踪"界面邀约（见图4-18）并监视负荷压降情况（见图4-19）。

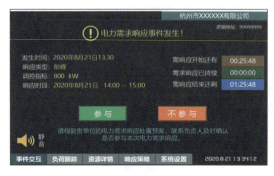

图4-17　分钟级需求响应终端界面　　　图4-18　分钟级需求响应邀约界面

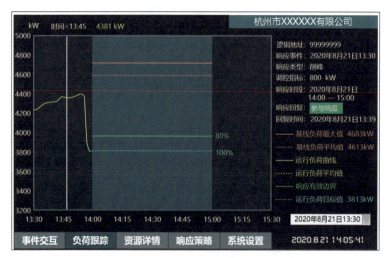

图4-19　分钟级需求响应执行监视界面

（四）响应评估

分钟级削峰需求响应按照小时级削峰需求响应计算方法得出初始基线负荷；将响应开始前的3h作为基线修正窗口，将响应日窗口期的负荷平均值与参考日修正窗口期的负荷平均值之差作为调整量；在原基线基础上全时段叠加该调整量，得到参考基线。

1. 初始基线负荷

根据第二章第三节基线计算方法，得到该用户的基线计算参考日分别为

2021 年 7 月 6 日、2021 年 6 月 28 日、2021 年 6 月 25 日、2021 年 6 月 24 日，计算参考日的负荷平均后得到初始基线负荷（见表 4-6）。

表 4-6　　　　　　　　用户初始基线参考日选取情况

曲线类型	日期	响应时段负荷（kW）				
		15:00	15:15	15:30	15:45	16:00
参考日	2021 年 7 月 6 日	12397	12162.5	12358.5	12208	10510.5
参考日	2021 年 6 月 28 日	16516.5	16754.5	16639	15655.5	15764
参考日	2021 年 6 月 25 日	12327	12113.5	12400.5	12589.5	12568.5
参考日	2021 年 6 月 24 日	12624.5	12586	12477.5	12337.5	12159
初始基线	—	13466.25	13404.13	13468.88	13197.63	12750.50

2. 基线窗口期调整

（1）参考日修正窗口期的负荷平均值：选取参考日窗口期（12:00 ～ 15:00）的负荷数据（取每整 15min），分别计算各个参考日窗口期的平均负荷（见表 4-7）。

表 4-7　　　　　　　　基线参考日窗口期平均负荷

曲线类型	日期	窗口期（12:00 ～ 15:00）平均负荷（kW）
参考日	2021 年 7 月 6 日	12082
参考日	2021 年 6 月 28 日	16064.71
参考日	2021 年 6 月 25 日	12415.08
参考日	2021 年 6 月 24 日	12468.46
负荷平均值	—	13257.56

参考日窗口期的负荷平均值 =（12082+16064.71+12415.08+12468.46）/4= 13257.56kW

（2）响应日窗口期的负荷平均值：选取响应日窗口期（12:00 ～ 15:00）的负荷数据（取每整 15min），计算响应日窗口期平均负荷（见表 4-8）。

表 4-8　　　　　　　　用户响应日监视负荷　　　　　　　日期：2021 年 7 月 12 日

时间	12:00	12:15	12:30	12:45	13:00	13:15
监视负荷（kW）	11844	15893.5	14738.5	15120	15942.5	15176
时间	13:30	13:45	14:00	14:15	14:30	14:45
监视负荷（kW）	15830.5	15984.5	16040.5	15316	16324	16243.5

响应日窗口期的负荷平均值＝（11844+15893.5+14738.5+15120+15942.5+15176+15830.5+15984.5+16040.5+15316+16324+16243.5）/12=15371.13 kW

调整量＝响应日窗口期的负荷平均值－参考日窗口期的负荷平均值=15371.13-13257.56=2113.56 kW

3．修正后的参考基线

在原基线基础上全时段叠加该调整量，得到修正后参考基线，并通过计算得到用户实际响应负荷（见表4-9）。

表4-9 　　　　　　　　　　　修正后的参考基线 　　　　　　　　　　单位：kW

曲线类型	平均值	时间				
		15:00	15:15	15:30	15:45	16:00
初始基线	13257.48	13466.25	13404.125	13468.875	13197.625	12750.5
调整量	2113.56	2113.56	2113.56	2113.56	2113.56	2113.56
修正基线	15371.04	15579.81	15517.69	15582.44	15311.19	14864.06
响应日负荷	1788.5	5390	913.5	861	899.5	878.5
响应负荷	13582.54	10189.81	14604.19	14721.44	14411.69	13985.56

4．有效响应判定

响应成效：该用户7月12日执行分钟级需求响应方案，本次平均响应负荷13582.54kW，平均负荷响应率103.19%，实际平均负荷1788.5kW，实际最大负荷5390kW，基线平均负荷15371.05kW，基线最大负荷15582.45kW，响应结果有效，有效响应电量为14363.54kWh。

判定依据：实际最大负荷（5390kW）小于基线最大负荷（15582.45kW），实际平均负荷（1788.5kW）小于基线平均负荷（15371.05kW），实际响应负荷响应率（103.19%）大于50%，该用户响应有效。

（五）补贴测算

补贴标准：分钟级响应采用"两部制"补贴方案，以月度为补贴结算周期和发放周期，补贴包括容量补贴和电量补贴两部分。由于7月份属于旺季，容量补贴价格1元/（kW·月），电量补贴价格为年度固定单价4元/kWh。

1．容量补贴

月度容量C=13163.25kW，补贴单价P_C=1元/（kW·月），考核系数K=1

（该户被调用 1 次，响应成功 1 次，考核系数 100%）。

$R_C=CP_CK=13163×1×1=13163.25$ 元，该用户容量补贴为 13163.25 元。

2. 电量补贴

响应电量 $Q=13582.54$ kWh，补贴价格 $P_Q=4$ 元 /kWh，价格倍数 $T=1$ ［实际负荷响应率在 80%（含）～ 120%（含）之间］。

$R_Q=QP_QT=13582.54×4×1=54330.16$ 元，该用户电量补贴为 54330.16 元。

综上该用户本次响应共可获得补贴为：$R=R_C+R_Q=13163.25+54330.16=67493.41$ 元。

（六）推广建议及策略

分钟级响应用户建议挑选水泥、冶金等行业，上述行业有固定的生产流水线，且上级生产和下级消耗之间有缓冲库的行业，这些行业可实现负荷柔性调节，部分生产设备短时关停不会导致生产线完全中断，造成经济损失。

二、楼宇产业分钟级可调节需求响应案例

（一）概述

2022 年 8 月 5 日，省内外购电不足全省安排需求响应，16:00 时许光伏出力减少，缺口持续扩大，国网浙江省电力有限公司决定紧急 16:30 ～ 18:00 之间启动分钟级需求响应平衡缺口。

（二）用户基本情况

宁波某管理有限公司主要从事物业管理、房屋租赁、房产经纪等。用户受电容量 5000kVA，主要用电设备为办公用电、空调用电。

1. 常规基线情况

该用户是商业用户，主要用电是办公和空调用电。用电主要用电时间为 08:00 ～ 18:30，其中以 4 月 15 日为例（春季）空调可调能力为 0，最高负荷 486kW 出现在 11:30（见图 4-20）。

以 8 月 4 日为例（夏季）最高负荷 1594.80kW，出现在 15:00 时（见图 4-21），空调可调能力为 532.91kW。

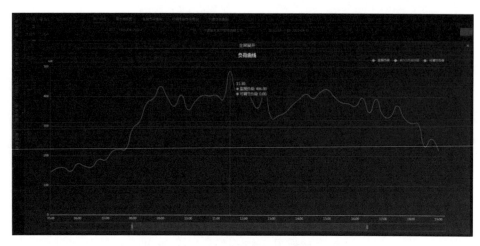

图 4-20   宁波某管理有限公司春季负荷曲线

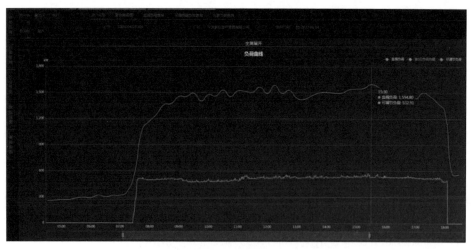

图 4-21   宁波某管理有限公司夏季负荷曲线

2. 用户负荷情况

用户 BA 系统为 Honeywell，该 BA 系统能够对风冷热泵机组进行启停和出水温度调节的控制（见图 4-22）。用户日常均是通过 BA 系统对空调机组进行操作和监测。本期拟通过与 BA 系统对接的方式接入。用户空调系统包括 1 ～ 4 号风冷热泵机组，4 台机组品牌为日立（型号为RHU240AHZ1），额定功率为 224kW（制冷）/222kW（制热）；主机日常投运时间为 07:00 ～ 22:00，空调最大开机数为 2 台（轮流开启）；主机负载率约为 95%。

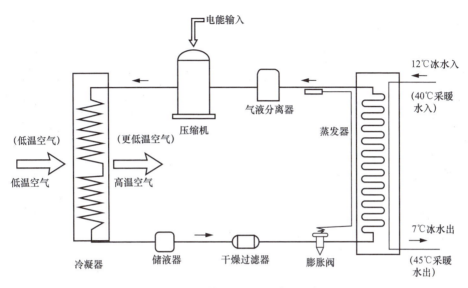

图 4-22　宁波某管理有限公司空调运行原理

商业楼宇通过 BA 系统实现对空调机组的自动化控制，需求响应边缘计算终端根据匹配空调机组的热动力学模型，建立功率、温度及时间之间的关系，由此预测在理想负荷直接控制策略下空调负荷的可控容量大小，上报可调量。

（三）响应执行

浙江省新型电力负荷管理系统在 8 月 5 日 16:30 启动分钟级需求响应，对全省分钟级响应池中用户发送邀约。宁波某管理有限公司需求响应终端在 16:28:44 收到需求响应事件，响应持续时间为 16:30 ～ 18:00，响应负荷为 527.24kW（见图 4-23），终端自动回复参与并上报需求侧管理系统，系统在 16:29:07 收到参与回复。

终端收到需求响应事件后通过运行控制模块将事件下达到用户 BA 系统，BA 系统在 16:30 关停风冷热泵机组，负荷从 559.42kW 迅速下降，在 16:31 时负荷下降至 27.39kW，在 16:36 时负荷下降至 2.91kW，并持续至 18:00 恢复风冷热泵机组的正常运行。

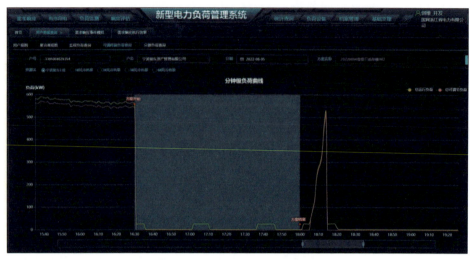

图 4-23　用户响应日负荷曲线

（四）响应评估

分钟级削峰需求响应按小时级削峰需求响应计算方法得出初始基线负荷；将响应开始前 3h 作为基线修正窗口，将响应日窗口期的负荷平均值与参考日修正窗口期的负荷平均值之差作为调整量；在原基线基础上全时段叠加该调整量，得到参考基线。

1. 初始基线负荷

根据第二章第三节基线计算方法，得到该用户的基线计算参考日分别为 2022 年 8 月 4 日、2022 年 8 月 3 日、2022 年 8 月 2 日、2022 年 7 月 28 日，计算参考日的负荷平均后得到初始基线负荷（见表 4-10）。

表 4-10　　　　　　　用户初始基线参考日选取情况

曲线类型	日期	响应时段负荷（kW）					
		16:45	17:00	17:15	17:30	17:45	18:00
参考日	2022 年 8 月 4 日	1536.6	1435.8	1499.4	1459.8	1385.4	1282.8
参考日	2022 年 8 月 3 日	1517.4	1480.2	1399.2	1372.2	1322.4	1210.2
参考日	2022 年 8 月 2 日	1501.2	1459.8	1402.2	1285.2	1297.8	1230.6
参考日	2022 年 7 月 28 日	1491.6	1492.2	1462.2	1354.8	1323.6	1223.4
初始基线	—	1511.7	1467	1440.75	1368	1332.3	1236.75

2. 基线窗口期调整

（1）参考日修正窗口期的负荷平均值：选取参考日窗口期（13:30 ～

16:30）的负荷数据（取每整 15min），分别计算各个参考日窗口期的平均负荷（见表 4-11）。

表 4-11　　　　　　　基线参考日窗口期平均负荷

曲线类型	日期	窗口期（13:30 ～ 16:30）平均负荷（kW）
参考日	2022 年 8 月 4 日	1523.45
参考日	2022 年 8 月 3 日	1515.9
参考日	2022 年 8 月 2 日	1569.95
参考日	2022 年 7 月 28 日	1456.1
负荷平均值	—	1516.35

参考日窗口期的负荷平均值 =（1523.45+1515.9+1569.95+1456.1）/4=1516.35kW。

（2）响应日窗口期的负荷平均值：选取响应日窗口期（12:00 ～ 15:00）的负荷数据（取每整 15min），计算的响应日窗口期平均负荷（见表 4-12）。

表 4-12　　　　　　　　用户响应日监视负荷

时间	13:30	13:45	14:00	14:15	14:30	14:45
监视负荷	1441.8	1477.2	1540.2	1551	1489.2	1518.6
时间	15:00	15:15	15:30	15:45	16:00	16:15
监视负荷	1596.6	1586.4	1577.4	1611.6	1551	1524

响应日窗口期的负荷平均值 =（1441.8+1477.2+1540.2+1551+1489.2+1518.6+1596.6+1586.4+1577.4+1611.6+1551+1524）/12=1538.75kW。

调整量 = 响应日窗口期的可调能力平均值 − 可调能力基线窗口期的平均值 =1538.75−1516.35=22.4 kW。

3．修正后的参考基线

在原基线基础上全时段叠加该调整量，得到修正后参考基线，并通过计算得到用户实际响应负荷（见表 4-13）。

表 4-13　　　　　　　　用户响应日监视负荷　　　　　　　　　　单位：kW

曲线类型	平均值	16:45	17:00	17:15	17:30	17:45	18:00
初始基线	1392.75	1511.7	1467	1440.75	1368	1332.3	1236.75
调整量	22.4	22.4	22.4	22.4	22.4	22.4	22.4

续表

曲线类型	平均值	16:45	17:00	17:15	17:30	17:45	18:00
修正基线	1415.15	1534.1	1489.4	1463.15	1390.4	1354.7	1259.15
响应日负荷	957.1	966.6	1046.4	1006.2	967.8	916.8	838.8
响应负荷	458.05	567.5	443	456.95	422.6	437.9	420.35

4. 有效响应判定条件

响应成效：该用户 8 月 5 日执行分钟级需求响应方案，本次平均响应负荷 458.05kW，平均负荷响应率 86.88%，实际平均负荷 1038.77kW，实际最大负荷 1528.8kW，基线平均负荷 1432.87kW，基线最大负荷 1539.2kW，响应结果有效，有效响应电量为 581.99kWh。

判定依据：实际最大负荷（1528.8kW）小于基线最大负荷（1539.2kW），实际平均负荷（1038.77kW）小于基线平均负荷（1432.87kW），实际响应负荷响应率（86.88%）大于 50%，该用户响应有效。

（五）补贴测算

补贴标准：分钟级响应采用"两部制"补贴方案，以月度为补贴结算周期和发放周期，补贴包括容量补贴和电量补贴两部分。由于 8 月份属于旺季，容量补贴价格 1 元 /（kW·月），电量补贴价格为年度固定单价 4 元 /kWh。

1. 容量补贴

月度容量 C=527.24kW，容量补贴单价 P_C=1 元 /（kW·月），考核系数 K=1（该户被调用 1 次，响应成功 1 次，考核系数 100%）。

R_C=CP_CK=527.24×1×1=527.24 元，该用户容量补贴为 527.24 元。

2. 电量补贴

响应电量 Q=581.99kWh，出清价格 P_Q=4 元 /kWh，价格倍数 T=1 [实际负荷响应率在 80%（含）～ 120%（含）之间]。

R_Q=QP_QT=581.99×4×1=2327.96 元，该用户电量补贴为 2327.96 元。

综上该用户本次响应共可获得补贴为 R=R_C+R_Q=527.24+2327.96=2855.2 元。

（六）推广建议及策略

分钟级响应用户建议挑选拥有集中式供冷的中央空调用户（冷水机组、风冷热泵、多联机均可），从冷冻站的热力学角度，集中式供冷从源端到末端的中间冷冻水循环部分具备较大的缓冲潜力，可实现无感的需求响应。

第四节　（准）秒级需求响应典型案例

一、不锈钢制造行业（准）秒级需求响应典型案例

（一）概述

2021 年 10 月 9 日由于浙江全省统调负荷持续超用电指标 300 万 kW 以上，华东和其他省份支援后供电能力仍不足，全省于 18:00 ～ 19:00 启动（准）秒级响应，计划压降负荷 100 万 kW。其中浙江某不锈钢制品有限公司于当日 18:18 负控开关跳闸，负荷瞬间由 413.25kW 下降为 0kW。

（二）用户基本情况

浙江某不锈钢制品有限公司专业从事不锈钢类制品的开发、制造，主要生产不锈钢网篮、网盆、油格、油勺、食品盖等。用电受电容量 1000kVA，主要用电设备为办公用电、退火炉、冲床、烘箱、清洗机、喷漆机等，用户生产设备多为离散型生产设备，日常调控为用户手动就地控制，未采用集中式的生产自动化控制系统。

1. 常规基线情况

生产计划：该用户为 24 小时连续生产型，日常运行负荷约 520kW，主要生产负荷集中在 06:00 ～ 17:00，不分工作日（见图 4-24）和周末（见图 4-25）。

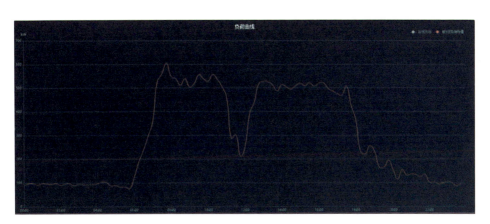

图 4-24　工作日负荷曲线

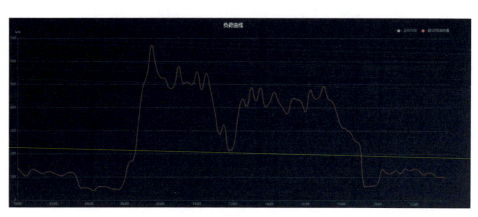

图 4-25　周末负荷曲线

2. 用户负荷情况

用户的主要生产工艺流程：

钢料→粗处理→退火→喷漆→烘烤→成品

主要用电设备负荷特性分析：

除办公用电与退火设备外，主要用电设备负荷特性为可中断负荷，详见表 4-14。

表 4-14　　　　　　　　　　主要生产用电设备及特性

工艺环节	生产线或用电设备名称	功能用途	工艺环节耗时	正常工作时段	设备负荷特性
粗处理	清洗机	钢料清洗	连续性生产	00:00～24:00	可中断
	冲床	钢料定型	连续性生产	00:00～24:00	可中断
退火	退火炉	表面处理	连续性生产	00:00～24:00	柔调
喷漆	喷漆机	喷涂颜料	连续性生产	00:00～24:00	可中断
烘烤	烘箱	快速干燥	连续性生产	00:00～24:00	可中断
其他	办公用电	办公生活供电	连续性生产	00:00～24:00	不可中断

（三）响应执行

2021 年 10 月 9 日国网浙江省电力有限公司于 17:30 通知各地计划于 18:00～19:00 启动（准）秒级响应，压降负荷 100 万 kW。浙江某不锈钢制品有限公司在收到预通知短信后，立刻手动完成退火炉停止进料、退火炉冷却、出炉作业等操作，做好（准）秒级响应前的准备工作。18:07（准）秒级需求响应方案完成审批并下发负控跳闸指令，18:18 用户负荷控制终端接收到跳闸指令，用户负控开关跳闸，运行负荷由 413.25kW 瞬间下降为 0kW，完成用户侧负荷精准切除（见图 4-26）。19:00 响应结束，主站下发负荷恢复指令，用户终端接收"允许恢复"信号，用户收到负荷可恢复短信，于 19:43 自行恢复用电，有效完成本轮需求响应。

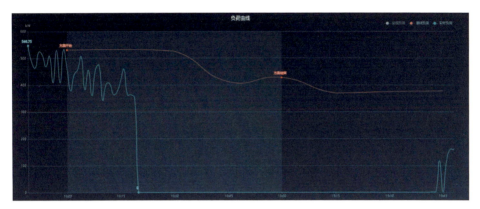

图 4-26　浙江某不锈钢制品有限公司 10 月 9 日（准）秒级需求响应曲线

（四）响应评估

响应成效：该用户 10 月 9 日执行（准）秒级需求响应方案，本次平均响应负荷 455.26kW，平均负荷响应率 93.74%，实际平均负荷 174.8kW，实际最大负荷 460.8kW，基线平均负荷 486kW，基线最大负荷 532kW，响应结果有效，有效响应电量为 234.53kWh。

判定依据：实际最大负荷（460.8kW）小于基线最大负荷（532kW），实际平均负荷（174.8kW）小于基线平均负荷，实际响应负荷响应率（93.74%）大于 50%，该用户响应有效。

（五）补贴测算

补贴标准：（准）秒级响应采用"两部制"补贴方案，以月度为补贴结算周期和发放周期，补贴包括容量补贴和电量补贴两部分。由于 10 月份属于淡季，容量补贴价格 0 元 /（kW·月），故该用户本月无容量补贴，电量补贴价格为年度固定单价 4 元 /kWh。

响应电量 Q=234.53kWh，出清价格 P_Q=4 元 /kWh，价格倍数 T=1［实际负荷响应率在 80%（含）～ 120%（含）之间］。

$R_Q=QP_QT$=234.53×4×1=938.12 元，该用户本次响应共可获得 938.12 元补贴。

（六）推广建议及策略

该用户属于结构性金属制品制造业，除用户退火炉设备与办公生活用电外，其他设备负荷均可接入分路负控终端，建议在结构性金属制品制造业中挖掘用户，安装分路负控终端，将用户纳入资源池。

二、电镀行业（准）秒级需求响应典型案例

（一）概述

2021 年 10 月 14 日有序用电期间，在浙江全省执行 C 级有序用电方案的情况下，统调负荷仍持续超用电指标 300 万 kW 以上，华东和其他省份支援后供电能力仍不足，且处在晚峰，光伏发电能力为 0，全省于 18:00 ～ 19:00 启动（准）秒级响应，计划压降负荷 100 万 kW。

（二）用户基本情况

平湖某科技有限公司，经营范围包括金属、非金属表面处理新技术推广及技术咨询、物业管理服务。用户受电容量 4000kVA，生产设备主要有打磨机、抛光机、镀槽、烘箱等，主要辅助设备有空压机、泵、风机、变压器等。

1. 常规基线情况

生产计划：该用户为白天正常上班，晚上保留少部分负荷，日常运行负荷约 2800kW，主要生产负荷集中在 08:00 ～ 17:00，不分工作日（见图 4-27）和周末（见图 4-28）。

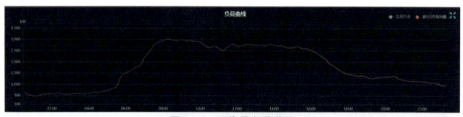

图 4-27 工作日负荷曲线

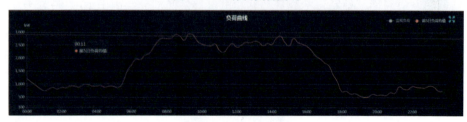

图 4-28 周末负荷曲线

2. 用户负荷情况

主要用电设备负荷特性分析：用户实际产品方案包括镀锌工艺、镀镍工艺。电镀锌是利用电解在制件表面形成均匀、致密、结合良好的金属沉积层的过程。此类电镀工艺中用电主要集中在电解过程，电解过程中短时停电，电解槽中的原料仅会停止反映，不会影响产品质量，属于优质的可中断资源。其生产工艺流程（见图 4-29）。

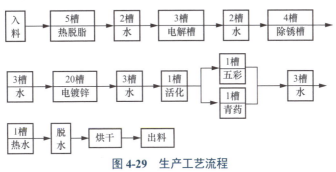

图 4-29 生产工艺流程

（三）响应执行

2021 年 10 月 14 日国网浙江省电力有限公司于 17:30 通知各地计划于 18:00 ～ 19:00 启动（准）秒级响应，压降负荷 100 万 kW。平湖某科技有限公司在收到预通知短信后，立刻停止进料、停止脱水、烘干流程，使槽中的原料及产品保持稳定，做好（准）秒级响应前的准备工作。18:17 分（准）秒级需求响应方案完成审批并下发负控跳闸指令，18:18 用户负荷控制终端接收到跳闸指令，用户负控开关跳闸，运行负荷由 3024.2kW 瞬间下降为 0kW（见图 4-30），完成用户侧负荷精准切除。19:00 响应结束，用户收到负荷可恢复短信，用户逐步自行恢复用电，有效完成本轮需求响应。

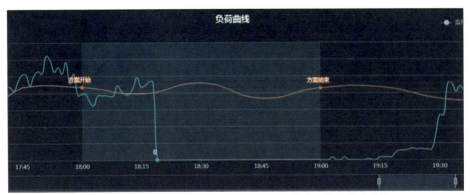

图 4-30 平湖某科技有限公司 10 月 14 日准秒级需求响应曲线

（四）响应评估

响应成效：该用户 10 月 14 日执行（准）秒级需求响应方案，本次平均响应负荷 1737.37kW，平均负荷响应率 57.78%，实际平均负荷 1599.36kW，实际最大负荷 3034.2kW，基线平均负荷 3006.92kW，基线最大负荷 3122.51kW，响应结果有效，有效响应电量为 1432.88kWh。

判定依据：实际最大负荷（3034.2kW）小于基线最大负荷（3122.51kW），实际平均负荷（1599.36kW）小于基线平均负荷（3006.92kW），实际响应负荷响应率（57.78%）大于 50%，该用户响应有效。

（五）补贴测算

（准）秒级响应采用"两部制"补贴方案，以月度为补贴结算周期和发放周期，补贴包括容量补贴和电量补贴两部分。由于 10 月份属于淡季，容量补贴价格 0 元/（kW·月），故该用户本月无容量补贴，电量补贴基础价格为年度固定单价 4 元/kWh，有效响应电量通过实际响应电量与实际负荷响应率计算。

响应电量 Q=1432.88kWh，出清价格 P_Q=4 元/kWh，价格倍数 T=0.8 ［实际负荷响应率在 50%～80%（不含 80%）之间］。

R_Q=QP_QT=1432.88×4×0.8=4585.22 元，该用户本次响应共可获得 4585.22 元补贴。

（六）推广建议及策略

该用户属于电镀行业，突然断电对用户产品质量无影响，类似的行业有电镀、造纸等，紧急断电后中间态产品在流水线中缓存，且不会变质，待复电后即可再次加工，不会导致生产线完全中断，造成经济损失的原因。安装分路负控终端时建议安装在生产线分路上，保留生活办公用电。

第五节　日前和分钟级需求响应典型案例

一、钢铁行业日前和分钟级需求响应典型案例

（一）概述

2022 年 6 月 30 日，为进一步贯彻落实《2022 年浙江省迎峰度夏电力保供攻坚行动方案》（浙发改内〔2023〕55 号）要求，切实检验"一键响应"业务体系建设成果，公司开展"一键响应"专项演练，计划于 15:00～16:00 执行

日前需求响应，压降负荷 100 万 kW，15:30 ～ 16:00 执行分钟级响应，压降负荷 50 万 kW。其中浙江某铜业股份有限公司于当日 15:00 负荷已基本压降到位，压降负荷达 1542.85kW，在接收到需求响应终端的分钟级指令后，用户于 15:30 负荷再次压降，直至响应结束。

（二）用户基本情况

浙江某铜业有限公司是专业开发和生产高精度紫铜板、紫桐带的高新技术企业。用户受电容量 10000kVA，主要用电设备为工频炉、热轧机、粗轧机、罩式炉、廿辊轧机、清洗线、双面铣等，生产设备多为流程型生产设备，日常调控为用户手动就地控制，未采用集中式的生产自动化控制系统。

1．常规基线情况

生产计划：该用户为 24 小时连续生产型（见图 4-31 和图 4-32），日常运行负荷约 2500kW，主要生产负荷集中在 07:00 ～ 16:00。

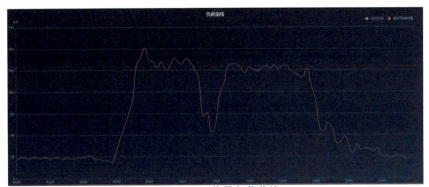

图 4-31　工作日负荷曲线

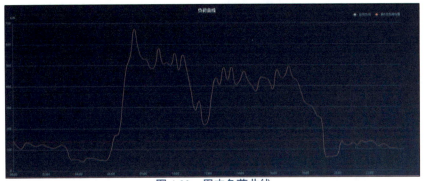

图 4-32　周末负荷曲线

2．用户负荷情况

用户的主要生产工艺流程：

原料→熔炼→热轧→粗轧→退火→辊轧→清洗→加工→成品

主要用电设备负荷特性分析：

除热轧机、廿辊轧机、清洗线、双面铣设备外，其他主要用电设备负荷特性为可调节负荷，详见表4-15。

表4-15　　　　　　　**主要生产用电设备及特性**

工艺环节	生产线或用电设备名称	功能用途	工艺环节耗时	正常工作时段	设备负荷特性
熔炼	工频炉	原料熔炼	连续性生产	00:00 ～ 24:00	可调节
热轧	热轧机	对原料进行初步轧制	10 ～ 60	3 ～ 5 天一次，21:00 ～ 08:00	不可调节
粗轧	粗轧机	对材料进行轧制	10 ～ 20	00:00 ～ 24:00	可中断
退火	罩式炉	改善产品性能	连续性生产	00:00 ～ 24:00	不可调节
辗轧	廿辊轧机	对材料进行轧制	连续性生产	00:00 ～ 24:00	可中断
清洗	清洗线	清洗	连续性生产	00:00 ～ 24:00	不可中断

（三）响应执行

2022年6月30日国网浙江省电力有限公司于15:00 ～ 16:00执行日前需求响应，压降负荷100万kW，15:30 ～ 16:00执行分钟级响应，压降负荷50万kW。浙江某铜业有限公司在6月29日答复邀约，申报响应负荷300kW，出清负荷300kW，出清价格3.8元/kWh。竞价成功后，立刻调整明日生产计划，做好参与日前削峰方案的准备工作。6月30日用户于14:15开始压降负荷，负荷由3000kW压减至1000kW左右（见图4-33），在15:01接收到需求响应终端的分钟级指令后，用户生产负责人立即对目前负荷生产设备进行评估，评估后确认同时参与分钟级方案，现场立即对剩余可调负荷设备做出调整，确保压降负荷有效至方案执行结束。16:00方案响应结束，用户于16:05自行恢复用电，有效完成本轮需求响应。

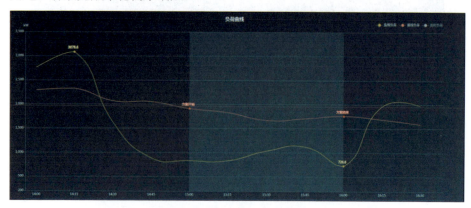

图4-33　浙江某铜业有限公司6月30日日前和分钟级需求响应曲线

（四）响应评估

响应成效：该用户 6 月 30 日执行日前需求响应方案，本次同时参与日前削峰和分钟级方案，其中日前削峰平均响应负荷 864.78kW，平均负荷响应率 288.26%，监视平均负荷 908.04kW，监视最大负荷 1117.2kW，基线平均负荷 1772.82kW，基线最大负荷 1908.9kW，响应结果有效，有效响应电量为 300kWh；分钟级平均响应负荷 784.7kW，平均负荷响应率 102.34%，监视平均负荷 1259kW，监视最大负荷 1417.2kW，基线平均负荷 2043.7kW，基线最大负荷 2093.05kW，响应结果有效，执行时长 0.5h，有效响应电量为 342.39kWh。

说明：在同一时段，用户同时参加日前响应和小时级［或分钟级和（准）秒级］响应时，优先进行日前响应效果评估，超出日前申报容量的实际响应负荷，再用于小时级［或分钟级和（准）秒级］响应效果评估。

判定依据：其中日前削峰监视最大负荷（1117.2kW）小于基线最大负荷（1908.9kW），监视平均负荷（908.04kW）小于基线平均负荷（1772.82kW），实际响应负荷响应率（288.26%）大于 50%，该用户日前削峰响应有效；分钟级监视最大负荷（1417.2kW）小于基线最大负荷（2093.05kW），监视平均负荷（1259kW）小于基线平均负荷（2043.7kW），实际响应负荷响应率（102.34%）大于 50%，该用户分钟级响应有效。

（五）补贴测算

补贴标准：日前削峰响应按阶梯电价计算补贴。分钟级响应采用"两部制"补贴方案，以月度为补贴结算周期和发放周期，补贴包括容量补贴和电量补贴两部分。6 月份属于旺季，分钟级容量补贴价格 1 元/（kW·月），电量补贴价格为年度固定单价 4 元/kWh。

1. 日前削峰补贴费

响应电量 Q=300kWh，出清价格 P_Q=3.8 元/kWh，价格倍数 T_1=1［120%（含）以内部分］，T_2=0.8［120%（不含）～150%（含）部分，超过 150% 部分不予补贴］。

$R_Q=QP_QT_1+QP_QT_2$=300×（120%÷288.26%）×3.8×1+300×（30%÷288.26%）×3.8×0.8=569.49 元。

2. 分钟级补贴费

（1）容量补贴：

月度容量 C=598.04kW，容量补贴单价 P_C=1 元/（千瓦·月），考核系数

K=1（该户被调用 1 次，响应成功 1 次，考核系数 100%）。

$R_C=CP_CK=598.04\times1\times1=598.04$ 元

（2）电量补贴：

响应电量 Q=342.39kWh，出清价格 P_Q=4 元 /kWh，价格倍数 T=1 ［实际负荷响应率在 80%（含）～ 120%（含）之间］。

$R_Q=QP_QT=342.39\times4\times1=1369.56$ 元

综上该用户本次响应共可获得补贴为 569.49+598.04+1369.56=2537.09 元。

（六）推广建议及策略

该用户属于有色金属压延加工行业，主要用电设备负荷特性为可调节负荷，建议在该行业中挖掘用户，安装需求响应终端，将用户纳入资源池。

第六节　负荷聚合商参与需求响应典型案例

一、充电桩型充电负荷聚合商需求响应典型案例

（一）概述

2022 年 6 月 30 日，为进一步贯彻落实《2022 年浙江省迎峰度夏电力保供攻坚行动方案》（浙发改内〔2023〕55 号）要求，切实检验"一键响应"业务体系建设成果，公司开展"一键响应"专项演练，计划于 15:00 ～ 16:00 执行日前需求响应，压降负荷 100 万 kW，15:30 ～ 16:00 执行分钟级响应，压降负荷 50 万 kW。根据分钟级需求响应指令实时向全省正在运行的 4587 个充电桩、8 个换电站下发功率调节指令，实现充电功率的快速下降调节。根据新型电力负荷管理系统结果，充换电资源在 15:30 ～ 16:00 响应时段最大削峰负荷达 1.5 万 kW、平均有效调节功率为 1.33 万 kW，圆满完成了响应目标，实现了规模化充电设施"无感化"参与分钟级需求响应。

（二）用户基本情况

国网浙江某服务有限公司专业从事电力市场化交易、虚拟电厂负荷聚合等用户侧电力服务，助力浙江电力市场化改革和清洁能源示范省建设。国网浙江某服务有限公司作为负荷聚合商市场主体，代理自营场站、第三方平台充换电资源等参与分钟级削峰需求响应，已聚合最大可调负荷超 14 万 kW。

（三）响应执行

2022 年 6 月 30 日 15:30，营销新型电力负荷管理系统向国网浙江某服务有限公司充电负荷聚合平台下发分钟级需求响应邀约指令。充电负荷聚合平台在收到指令后，立刻启动响应，实时向全省正在运行的 4587 个充电桩、8 个换电站下发功率调节指令，智能、自动远程压降充电设施功率（见图 4-34）。15:30 充电负荷下降为 27168.53kW（基线 38664.1kW），完成充电负荷自动削减（见图 4-35）。16:00 响应结束，充电负荷聚合平台下发负荷恢复指令，充电设施接收功率恢复指令，于 16:00 自动恢复充电需求功率，有效完成本轮需求响应。

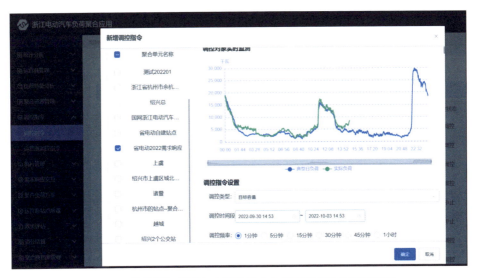

图 4-34　国网浙江某服务有限公司充电负荷聚合平台调控界面

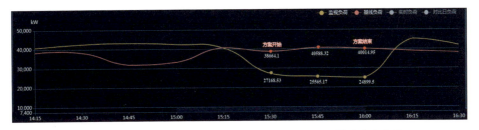

图 4-35　国网浙江某服务有限公司 6 月 30 日分钟级需求响应曲线

（四）响应评估

响应成效：该用户 6 月 30 日执行分钟级需求响应方案，本次有效响应负荷 13259.52kW，平均负荷响应率 133%，实际平均负荷 25877.73kW，实际最大负荷 27168.53kW，基线平均负荷 39755.79kW，基线最大负荷 40588.32kW，响应结果有效，有效响应电量为 6629.76kWh。

判定依据：实际最大负荷（27168.53kW）小于基线最大负荷（40588.32kW）、实际平均负荷（25877.73kW）小于基线平均负荷（39755.79kW）、实际响应负荷响应率（133%）大于 50%，该用户响应有效。

（五）补贴测算

补贴标准：（准）秒级响应采用"两部制"补贴方案，以月度为补贴结算周期和发放周期，补贴包括容量补贴和电量补贴两部分。由于 10 月份属于淡季，容量补贴价格 0 元 /（kW·月），故该用户本月无容量补贴，电量补贴价格为年度固定单价 4 元 /kWh。

响应电量 Q=6629.76kWh，出清价格 P_Q=4 元 /kWh，价格倍数 T_1=1 ［120%（含）以内部分］，T_2=0.8 ［120%（不含）～ 150%（含）部分，超过 150% 部分不予补贴］。

$R_Q=QP_QT_1+QP_QT_2$=6629.76×（120%÷133%）×4×1+6629.76×（13%÷133%）×4×0.8=26015.23 元。

（六）推广建议及策略

该用户作为负荷聚合商市场主体，已聚合自营场站、部分社会运营商平台等充换电负荷灵活可调资源，负荷具备可观、可测、可调、可控条件，建议其纳入更多省内充换电资源，将用户纳入资源池。

二、代理制充电负荷聚合商需求响应典型案例

（一）概述

2022 年 8 月 6 日，预计全社会最高负荷 10500 万 kW 左右，由于省内 2 台百万机组临时停机消缺及全网紧张等原因，全省于 12:00 ～ 17:30 启动日前需求响应，计划压降负荷 800 万 kW。其中国网浙江某服务有限公司作为省级负荷聚合商，于 8 月 5 日申报响应负荷 3360.8kW、补贴单价 3.8 元 /kWh，在成功中标本次补贴单价和申报容量后确认次日参与响应的聚合用户并通知用户提前设定调控策略，于 8 月 6 日 12:00 ～ 17:30 完成负荷调节。

（二）用户基本情况

国网浙江某服务有限公司作为浙江省首批负荷聚合商，自主研发省级虚拟电厂运营管理平台，为社会化负荷聚合商、储能系统、工商业可调节负荷、分

布式电源、微电网、综合能源体等多种分布式能源提供辅助服务交易、需求响应和现货交易服务。同时创新"虚拟电厂＋"模式，为用户提供售电服务、绿电服务、能源托管等多种增值服务，提高用户粘性和一站式服务体验。

（三）响应执行

2022 年 8 月 5 日国网浙江省电力有限公司发布日前需求响应需求，通知各地计划于 12:00 ～ 17:30 启动日前需求响应，压降负荷 800 万 kW。国网浙江某服务有限公司在其发布日前需求响应邀约事件后，精准预估次日响应时段聚合用户可提供调节能力之和并于邀约时间截止前反馈申报容量和价格。在成功出清本次中标容量和价格后，通过公司自有虚拟电厂平台组织聚合用户的量价申报，确认次日实际参与响应用户 44 户，调控目标 3360.8kW，出清价格 3.8 元 /kWh，并通过平台、电话、短信等方式通知下级聚合商与用户执行到位。

（四）响应评估

响应成效：国网浙江某服务有限公司 8 月 6 日执行日前需求响应方案，本次平均响应负荷 5332.18kW，平均负荷响应率 158.66%，实际平均负荷 13109.26kW，实际最大负荷 30582.99kW，基线平均负荷 18441.44kW，基线最大负荷 35634.7kW，响应结果有效，有效响应电量为 29326.99kWh。

判定依据：实际最大负荷（30582.99kW）小于基线最大负荷（35634.7kW）、实际平均负荷（13109.26kW）小于基线平均负荷（18441.44）、实际响应负荷响应率（158.66%）大于 50%，该用户响应有效。

（五）补贴测算

响应电量 Q=29326.99kWh，出清价格 P_Q=3.8 元 /kWh，价格倍数 T_1=1 [120%（含）以内部分]，T_2=0.8 [120%（不含）～ 150%（含）部分，超过 150% 部分不予补贴]。

$R_Q=QP_QT_1+QP_QT_2$=29326.99×（120%÷158.66%）×3.8×1+29326.99×（30%÷158.66%）×3.8×0.8=101146.6 元，聚合商本次响应总补贴金额为 101146.64 元。

用户补贴标准：基于原响应负荷的阶梯式补贴方案，计算得出用户原补贴金额，再根据聚合用户原补贴总金额与聚合商总补贴金额之间的损益，由剩余有效响应用户按响应量占比分摊。

已知聚合商总补贴金额为 101146.64 元，聚合用户原补贴总金额为 79931.77 元，剩余分摊金额 21214.87 元。分摊金额由剩余有效响应用户共享。

如聚合用户 A 原调控目标为 110.79kW，实际平均响应负荷 98kW，响应电量 578kW，原补贴金额 2196 元，分摊补贴 572.92 元，总调控收益为 2768.92 元。

（六）推广建议及策略

负荷聚合商可发挥"聚合"优势，为中小用户提供定制化灵活便捷的代理服务，通过为用户制定负荷管理策略和响应申报指导等方式，降低单个用户响应不达标的风险，提高中小用户参与积极性并且通过对代理负荷打捆叠加，提高整体响应成功率和收益。

但目前需求响应每年执行次数较少，聚合商代理服务业务流程尚未贯通，聚合互动服务也需要数据支持。

建议：①建立负荷聚合商标准规范，便于各类社会资本投资的负荷聚合商平台能按照统一的技术规范标准接入统一平台，实现与电网的双向互动及资源最优配置。②完善市场化交易机制，加大激励补贴力度，加快完善虚拟电厂与需求响应、现货市场、辅助服务市场、容量市场的衔接机制。丰富虚拟电厂激励资金，探索多渠道资金来源，可包括尖峰电价中的增收资金、超发电量结余资金、现货市场电力平衡资金、跨省可再生能源电力现货交易购电差价盈余等。③推进省级层面虚拟电厂专项政策出台，明确虚拟电厂及负荷聚合商的定义、业务模式、发展路径等关键内容，为各类市场主体开展虚拟电厂业务提供政策依据。

第五章

发展前景与展望

综合来看，我国需求响应已逐步深化应用。需求响应不仅能控制负荷量，优化电能资源配置，还可以参与系统调度，提供调峰、调频辅助服务等，从而促进分布式、可再生能源大规模发展，同时提升电力系统的调节能力和可靠性。目前浙江省行政手段多于市场手段，需求响应潜力仍有待进一步挖掘。

本章从推进需求响应市场化、精细化、柔性化、数字化四个方面展望了需求响应发展方向与发展前景，探索需求响应发展路径。

第一节 需求响应市场化

构建完善的市场机制是大规模发展需求响应项目的关键。我国在逐步培育发展电力市场的同时，应考虑电力需求侧管理与需求响应及电力市场的衔接机制，加快电力现货市场与辅助服务市场建设步伐，以反映电力供需情况的实时电价信号激发需求响应资源潜力。

一、基于社会化负荷聚合的商业运营

借助负荷聚合商，科学引导用户用电，提高终端用电设备的用电效率，协助用户享受政策红利，赚取收益。从负荷侧资源来看，主要包括分布式储能、电动汽车（充电桩、充换电站）、电采暖、大工业用户、蓄热式电采暖、虚拟电厂（工业可控负荷，如非连续生产车间或可调节用电设备等）等。负荷聚合商聚合以上资源，通过数智技术精准分析用户的可中断负荷来降低高峰用电需求，下达削峰或填谷响应指令，告知其响应量、响应时段，提高用户申报用电计划的准确性，实现科学用电，降低用能成本，获得政策性奖励；另外，负荷

聚合商可开发共享储能项目，经过数智仿真分析和参与调峰辅助服务市场，赚取收益。

协助用户交易闲置资源。负荷聚合商作为一个中介结构，整合用户需求响应资源并将其引入市场交易，使得闲置的负荷资源发挥作用，通过负荷聚合商，中小型用户亦可参与电力市场交易。负荷聚合商通过数字平台可对报量、报价、出清、结算四个主要环节实现全面自动化，无忧运营，提升服务效率和质量，使用户获得更大收益。

二、基于完全市场化的电力需求响应

在成熟的电力市场环境下，需求侧响应既可以参与电能量市场（影响电价），也可以参与容量市场（紧急情况下提供低成本的容量资源），还可以参与辅助服务市场（提供调频、备用、可中断负荷等）。明确需求响应各参与主体的角色定位，研究政府、电网企业、电力用户、负荷集成商等各方的利益共享模式，特别是要充分发挥负荷集成商在整合用户资源、为用户提供专业服务上的优势，支撑用户主动参与。

加快省能源大数据中心建设有利于推动用电权交易更具可操作性。加快推动省能源大数据中心建设，汇集电、气、油、煤等企业全量用能数据，建立健全全行业用能权（用电权）配额核算方法、标准，根据重点用能单位所处行业特征，科学设定企业分配指标，并以此构建线上监管平台，实现前、中、后实时评估，以及用能权（用电权）交易的核定、结算。

用电权交易既适用于能耗双控场景，也适用于需求侧管理场景。鉴于浙江省电力供需严峻形势将长时间持续，可以在能耗双控目标宽松或有序用电小额控制时，推动政府开展用电权交易县域试点，响应成本由区域内企业共担，逐步积累业务经验。同时，可以在省控高耗能重点企业范围内，在确权的前提下，适时推进用电权交易。

第二节　需求响应精细化

构建精细化的需求响应机制是负荷资源高效利用的保障。我国在拓展需求响应规模的同时，应考虑电力需求侧管理机制建设，加快推进需求响应的精细化管理水平，以提高负荷资源参与需求响应的有效利用率。

一、负荷调节潜力精细化预测

掌握不同用户用电习惯与规律，充分利用用户侧需求响应资源，应基于多信息源、大数据进行聚类分析，准确把握负荷变化与用户用电行为间的规律，对不同地域和用户类型进行调研，针对高负荷地区、水电丰富地区以及可再生能源接入地区的地域与用户用电行为进行分析，提出适合不同地域和用户类型的需求响应实施方案。综合用电、气象、经济等数据，经数据清洗分析，采用模型驱动与数据驱动相融合，微观－中观－宏观交叉验证的方法，构建可调节负荷筛选、预测方法，建立细分工业、商业和居民的可调节负荷潜力测算模型，实现负荷可调节潜力精细化预测。

用户负荷可以随着电力市场动态调节自身的用电习惯，因此，依据负荷可参与电网调度程度的不同对负荷进行分类，分析主动需求在负荷预测中的影响，分析影响用户差异性响应的因素，提出主动配电系统对负荷预测的新要求，并基于用户响应行为的规律进行总结。

二、负荷调控方案精细化构建

针对不同负荷类型，比如工业用户生产负荷及非生产负荷，商业用户楼宇空调负荷、照明设备负荷及其他设备，结合用户设备实时运行状态，采用电压型、电流型、频率型等控制技术对用户侧设备进行调节控制，构建设备级、用户级、区域级负荷调控方案，实现每个用户的需求响应方案合理化、经济效益最大化。

第三节　需求响应柔性化

构建柔性化的需求响应模式是推动需求响应发展的必然选择。用户对需求响应接受程度低是当前需求响应发展的难题之一，推进需求响应的柔性化发展，可以有效促进用户对需求响应的接受程度，便于需求响应的推广应用。

一、虚拟电厂的柔性化负荷控制

虚拟电厂用户侧通常会有较多诸如分布式太阳能、分布式风能、小型储能设备、电动汽车等分布式能源设备，充分利用用户侧需求响应对于该类小型分布式能源的就地消纳、虚拟电厂整体的经济运行以及满足外部电网的削峰填谷要求都有着巨大意义。为了提高电网运行经济性和安全性，未来电力系统需要更好地适应越来越多的分布式电源、储能、柔性负荷的接入。

通过柔性化需求响应模型，虚拟电厂可以对用户的需求响应倾向以及负荷调节能力有着更直观的认识，以此可以制定更优的优化调度策略，使得虚拟电厂整体运行经济性显著提高。

二、网荷互动柔性需求响应策略

结合价格型需求响应和激励型需求响应，通过工厂和工业园区互动满足上级电网削峰需求（见图 5-1）。工业园区能量管理中心接收上级电网的削峰需求，并将需求响应方案下发至工厂用户，是整个园区互动的协调中心。用户可通过控制具体的用能设备，改变用能模式参与到需求响应中来，在保证其用能经济性的同时，实现园区内能量的合理分配，缓解园区的能量供需矛盾，并在 IDR（integrated demand response，综合需求响应）中获得额外收益。同时也可有效避免强制停电等事件发生，提升园区用户的用能体验。工厂综合优化调度能依托于完善统一的基础设施，兼顾能源利用效率与经济效益等多个目标，为企业提供优化控制策略，自动对企业可调控资源进行综合调控。

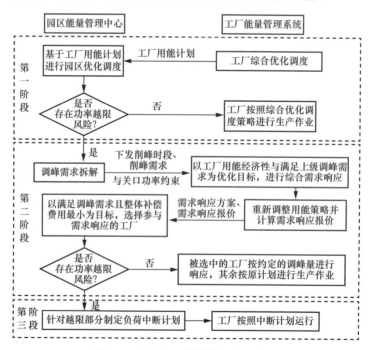

图 5-1　工厂和工业园区互动示意图

第四节 需求响应数字化

构建数字化的需求响应体系是新时代发展的必然要求。提升需求响应的数字化管理水平可有效统筹分散负荷资源，便捷开展需求响应监测、评价、分析，支撑需求响应常态化管控。

一、能源互联网背景下的需求侧响应

在复杂多样的能源互联网背景下，需求侧响应作为一种灵活资源将会占有更加重要的位置。那时不仅要考虑电力需求，而且要在冷、热、气、电等多种资源之间实现协调统一，比如市场电价高时选择就近的分布式天然气提供电力。多能需求响应技术可以利用冷、热、电等不同能源的产能、用能需求，在时间以及空间上的特性差异实现多能互补。这也意味着当用户改变对某一种或多种能源的需求时将会影响到另一种能源的供求关系。基于此，用户可对不同能源的需求进行调整，同样可以达到相同的削峰填谷、缓解用能紧张的效果，实现多元用户的多能需求响应。

多能需求响应可以充分考虑多能系统的耦合关系，利用不同能源的时空互补特性。相比传统的需求响应，多能需求响应可以进一步充分挖掘用户的需求响应潜力，提升响应资源能力，优化用户的用能结构；并且能够使得用户侧的损失更小，能够减少能源网的调度费用，提升用电安全性与稳定性，有利于实现能源网与用户的双赢，提高多元化用户参与需求响应的积极性。在数据公开、渠道多样化的途径下，用户可以方便地进行能量管理，从市场或者售电公司处收到信息并实时响应。如果建立起成熟的现货市场和辅助服务市场，储能也会获得更大的市场空间、得到更好的发展。

二、加强需求响应技术体系架构建立

总结分析针对用电设备运行状态参数、用电参数、环境参数及需求响应事件相关参数的监测感知和交互需求，建立基于 IEC/CIM 标准的需求响应信息模型、信息交换模型，构建基于边缘计算的数据监测感知架构体系，支撑需求侧各类资源便捷接入电网并常态化互动响应。

探索"互联网"智能用电技术模式和组织模式，推进需求响应资源、储能资源、分布式可再生能源电力以及新能源微电网的综合开发利用。通过广泛部署用户信息、电网信息与发电信息等数据采集终端，建设能源互联网，打破源 – 网 – 荷 – 储数据壁垒，整合系统运行、市场交易和用户用电数据，提高需求侧大数据分析能力，实现需求响应资源的智能调控。